# AKAD University Edition

**Herausgegeben von**
R.A. Fürst, Stuttgart, Deutschland
T. Bügner, Stuttgart, Deutschland
W. Frohberg, Stuttgart, Deutschland

Seit über 55 Jahren bietet die AKAD University Berufstätigen ein flexibles, individuelles und effizientes Fernstudium neben dem Beruf. Dabei verbindet sie in vielen Studienrichtungen und Studiengängen Wissenschaft, Praxisbezug und Digitalisierung. Anwendungsorientierte Forschung und neue Praxisherausforderungen bilden die Leitlinien der **AKAD University Edition**: In der Buchreihe werden aktuelle Forschungsfragen mit Blick auf Anwendungsorientierung aufgegriffen und erörtert.

**Herausgegeben von**
Prof. Dr. Ronny A. Fürst
Prof. Dr. Torsten Bügner
Prof. Dr. Wolfgang Frohberg

Weitere Bände in dieser Reihe http://www.springer.com/series/15688

Gardenia Alonso · Marianne Blumentritt
Torsten Olderog · Roland Schwesig

# Strategien für den Lernerfolg berufstätiger Studierender

Empirische Analysen zum Lernverhalten

Gardenia Alonso
Stuttgart, Deutschland

Torsten Olderog
Stuttgart, Deutschland

Marianne Blumentritt
Stuttgart, Deutschland

Roland Schwesig
Stuttgart, Deutschland

AKAD University Edition
ISBN 978-3-658-17529-0       ISBN 978-3-658-17530-6  (eBook)
DOI 10.1007/978-3-658-17530-6

Die Deutsche Nationalbibliothek verzeichnet diese Publikation in der Deutschen National-bibliografie; detaillierte bibliografische Daten sind im Internet über http://dnb.d-nb.de abrufbar.

© Springer Fachmedien Wiesbaden GmbH 2017
Das Werk einschließlich aller seiner Teile ist urheberrechtlich geschützt. Jede Verwertung, die nicht ausdrücklich vom Urheberrechtsgesetz zugelassen ist, bedarf der vorherigen Zustimmung des Verlags. Das gilt insbesondere für Vervielfältigungen, Bearbeitungen, Übersetzungen, Mikroverfilmungen und die Einspeicherung und Verarbeitung in elektronischen Systemen.
Die Wiedergabe von Gebrauchsnamen, Handelsnamen, Warenbezeichnungen usw. in diesem Werk berechtigt auch ohne besondere Kennzeichnung nicht zu der Annahme, dass solche Namen im Sinne der Warenzeichen- und Markenschutz-Gesetzgebung als frei zu betrachten wären und daher von jedermann benutzt werden dürften.
Der Verlag, die Autoren und die Herausgeber gehen davon aus, dass die Angaben und Informationen in diesem Werk zum Zeitpunkt der Veröffentlichung vollständig und korrekt sind. Weder der Verlag noch die Autoren oder die Herausgeber übernehmen, ausdrücklich oder implizit, Gewähr für den Inhalt des Werkes, etwaige Fehler oder Äußerungen. Der Verlag bleibt im Hinblick auf geografische Zuordnungen und Gebietsbezeichnungen in veröffentlichten Karten und Institutionsadressen neutral.

Gedruckt auf säurefreiem und chlorfrei gebleichtem Papier

Springer ist Teil von Springer Nature
Die eingetragene Gesellschaft ist Springer Fachmedien Wiesbaden GmbH
Die Anschrift der Gesellschaft ist: Abraham-Lincoln-Str. 46, 65189 Wiesbaden, Germany

# Vorwort der Herausgeber

In der Antike war „Forum" die Bezeichnung für eine Platzanlage und einen Versammlungsort, an dem Meinungen ausgetauscht wurden. Heute geschieht dies zunehmend virtuell, z. B. in Internetforen. Geblieben aber ist die Idee des Austauschs, von Fragen und Antworten, von Erörterung und Diskurs.

In diesem Sinne entstand auch das AKAD Forum, das jährlich an der AKAD University ein aktuelles Thema aufgreift und den Grundstein für die AKAD Buchpublikationen legte. Seit über 55 Jahren bietet die AKAD University Berufstätigen ein flexibles, individuelles und effizientes Fernstudium neben dem Beruf. Dabei verbindet sie in vielen Studienrichtungen und Studiengängen Wissenschaft, Praxisbezug und Digitalisierung. Anwendungsorientierte Forschung und neue Praxisherausforderungen bilden die Leitlinien der *AKAD University Edition*: In der Buchreihe werden aktuelle Forschungsfragen mit Blick auf Anwendungsorientierung aufgegriffen und erörtert.

Naturgemäß treten dabei die Disziplinen der drei AKAD Schools in den Vordergrund, für die das Programm der AKAD University seit Langem steht: die AKAD School of Business Administration & Management, die AKAD School of Engineering & Technology Management und die AKAD School of International Communication & Culture. Neben der Fokussierung auf diese Disziplinen und der starken Anwendungsorientierung stellt der interdisziplinäre Ansatz, der Blick über den Tellerrand des eigenen Bereichs, ein drittes Charakteristikum der Buchreihe dar.

Zu Wort kommen hauptamtliche AKAD-Professoren ebenso wie nebenberufliche Dozenten, wissenschaftliche Mitarbeiter, herausragende Absolventen sowie weitere Wissenschaftler und Praktiker. Geplant sind mehrere Buchpublikationen pro Jahr, welche die vielfältigen Forschungsaktivitäten an der AKAD University für die „scientific community", aber auch für eine breite Öffentlichkeit zur Verfügung stellen. Sie sollen Anstoß sein für neue und innovative Ansätze, für kritisches Hinterfragen, konstruktive Diskussionen und weitergehende Forschung – ganz im Sinne des historischen Forums und der Pionierrolle, welche die AKAD University als erste private Fernhochschule in Deutschland im berufsbegleitenden Fernstudium und bei dessen Digitalisierung einnimmt.

Prof. Dr. Ronny Fürst
Prof. Dr. Torsten Bügner
Prof. Dr. Wolfgang Frohberg

# Inhaltsverzeichnis

Vorwort der Herausgeber     V

Abbildungsverzeichnis     IX

Tabellenverzeichnis     XI

**1 Vorbemerkung**     1

**2 Entwicklung von Lernkompetenzen als zentrale Schlüsselkompetenz**     3
    2.1 Lebensbegleitendes Lernen im sozialen und wirtschaftlichen Kontext     3
       2.1.1 Doppelrolle der Bildung     3
       2.1.2 Bildungsziele     5
    2.2 Lernpsychologische Grundlagen     6
       2.2.1 Individuelle Lernformen     6
       2.2.2 Konstruktivistische Perspektive des Forschungsansatzes     7
       2.2.3 Begriffsbestimmungen     8
    2.3 Selbstgesteuertes und selbstreguliertes Lernen     9
       2.3.1 Selbstgesteuertes Lernen als Schlüsselkompetenz     9
       2.3.2 Ausprägungen des Lernens     11
       2.3.3 Lernen im (Fern-)Studium     12
    2.4 Lernstiltypologien     14
       2.4.1 Lernprozessnahe Ansätze     15
       2.4.2 Lernstiltypologie nach Kolb     17
    2.5 Lernstrategien     23
       2.5.1 Ansätze der Lernforschung     23
       2.5.2 Charakteristika der Lernstrategien     23
       2.5.3 Kategorisierung der Lernstrategien     24

**3 Quantitative Untersuchung: Lernstile und Lernstrategien berufstätiger Studierender**     27
    3.1 Fragestellung     27
       3.1.1 Multidimensionale Bezüge des Lernerfolgs     27
       3.1.2 Forschungsdesign und methodisches Vorgehen     29
    3.2 Auswahl und Charakterisierung der Erhebungsinstrumente     34
       3.2.1 Übersicht     34
       3.2.2 Lernstile     35
       3.2.3 Kognitive Lernstrategien     35
       3.2.4 Ressourcenbezogene Lernstrategien     37
       3.2.5 Metakognitive Lernstrategien     38

| | | | |
|---|---|---|---|
| 3.3 | | Charakteristika der Probandengruppe | 39 |
| 3.4 | | Lernstile | 40 |
| | 3.4.1 | Ausprägungen von Lernstilen | 40 |
| | 3.4.2 | Lernbiographien und Lernstil | 45 |
| | 3.4.3 | Merkmale des Lernenden und Lernstil | 51 |
| 3.5 | | Lernstrategien | 58 |
| | 3.5.1 | Ausprägung von Lernstrategien | 60 |
| | 3.5.2 | Lernstrategien und Lernstiltyp | 63 |
| 3.6 | | Lernerfolg | 67 |
| | 3.6.1 | Einschätzung des Lernerfolgs | 67 |
| | 3.6.2 | Merkmale der Lernenden und Lernerfolg | 70 |
| | 3.6.3 | Lernstiltypen und Lernerfolg | 74 |
| | 3.6.4 | Lernstrategien und Lernerfolg | 78 |

**4 Qualitative Untersuchung: Lernbiographien berufstätiger Studierender** — **91**

| | | | |
|---|---|---|---|
| 4.1 | | Fragestellung | 91 |
| 4.2 | | Forschungsdesign und methodisches Vorgehen | 91 |
| 4.3 | | Portraits ausgewählter Lerntypen | 93 |
| | 4.3.1 | Akkomodierer Christopher S. | 93 |
| | 4.3.2 | Akkomodierer Heike F. | 95 |
| | 4.3.3 | Divergierer Karen G. | 97 |
| | 4.3.4 | Konvergierer Philipp T. | 99 |
| | 4.3.5 | Assimilierer Michael S. | 100 |
| 4.4 | | Einstellungen zum Lernen | 102 |
| | 4.4.1 | Positive Erfahrungen | 102 |
| | 4.4.2 | Umgang mit Problemen | 103 |

**5 Fazit: Perspektiven zur Individualisierung des Lernens** — **105**

**6 Anhang** — **111**

| | | |
|---|---|---|
| 6.1 | Anhang 1: Fragebogen | 111 |
| 6.2 | Anhang 2: Eckdaten zu den Befragten der quantitativen Erhebung | 128 |
| 6.3 | Anhang 3: Eckdaten zu den Befragten der qualitativen Erhebung | 130 |
| 6.4 | Anhang 4: Interviewleitfaden | 131 |
| 6.5 | Anhang 5: Berechnung der Zuordnung zu Lernstiltypen | 135 |
| 6.6 | Anhang 6: Verteilung der Lernstiltypen | 136 |
| 6.7 | Anhang 7: Über die Autoren | 141 |

Quellenverzeichnis — 143

# Abbildungsverzeichnis

| | | |
|---|---|---|
| Abbildung 1: | Lernstiltypologie nach Kolb | 19 |
| Abbildung 2: | Stärken einzelner Lerntypen | 21 |
| Abbildung 3: | Lernzyklus nach Kolb | 22 |
| Abbildung 4: | Systematisierung von Lernstrategien | 24 |
| Abbildung 5: | Multidimensionale Bezüge des Lernerfolgs | 28 |
| Abbildung 6: | Gesamtkontext der Analysebereiche | 30 |
| Abbildung 7: | Lern-Perspektive und Forschungs-Perspektive | 31 |
| Abbildung 8: | Gesamtkontext der Analysebereiche – Einordnung der Lernstile | 41 |
| Abbildung 9: | Lernstiltypen – Verteilung der Befragten | 42 |
| Abbildung 10: | Lernstiltypen – nach Studienrichtungen | 44 |
| Abbildung 11: | Beschäftigungen nach Lebensphasen – alle Teilnehmer | 46 |
| Abbildung 12: | Lernbiographien – Lesen | 47 |
| Abbildung 13: | Lernbiographien – Basteln, Bauen, Experimentieren | 47 |
| Abbildung 14: | Lernbiographien – Malen und Musizieren | 48 |
| Abbildung 15: | Lernbiographien – Logisch-abstraktes Denken, Probleme lösen | 48 |
| Abbildung 16: | Lernbiographien – Gespräche und Diskussionen | 49 |
| Abbildung 17: | Lernbiographien – Neues Ausprobieren und Tüfteln | 50 |
| Abbildung 18: | Alle Studierenden: Motivation, Konzentration und Umfeld | 53 |
| Abbildung 19: | Divergierer: Motivation, Konzentration und Umfeld | 54 |
| Abbildung 20: | Assimilierer: Motivation, Konzentration und Umfeld | 55 |
| Abbildung 21: | Konvergierer: Motivation, Konzentration und Umfeld | 56 |
| Abbildung 22: | Akkomodierer: Motivation, Konzentration und Umfeld | 57 |
| Abbildung 23: | Gesamtkontext der Analysebereiche – Einordnung der Lernstrategien | 59 |
| Abbildung 24: | Einsatz von Lernstrategien – alle Lernstiltypen | 61 |
| Abbildung 25: | Einsatz von Lernstrategien – Divergierer | 63 |
| Abbildung 26: | Einsatz von Lernstrategien – Assimilierer | 64 |
| Abbildung 27: | Einsatz von Lernstrategien – Konvergierer | 65 |
| Abbildung 28: | Einsatz von Lernstrategien – Akkomodierer | 66 |
| Abbildung 29: | Gesamtkontext der Analysebereiche – Einordnung des Lernerfolgs | 68 |
| Abbildung 30: | Lernstiltypen – Verteilung der Befragten | 69 |
| Abbildung 31: | Erfolgseinschätzungen nach Geschlecht – alle Studierenden | 70 |

Abbildung 32: Erfolgseinschätzungen nach Altersgruppen – alle Studierenden 71
Abbildung 33: Erfolgseinschätzungen nach Familienstand – alle Studierenden 72
Abbildung 34: Erfolgseinschätzungen nach Motivation – alle Studierenden 73
Abbildung 35: Erfolgseinschätzungen nach Konzentration – alle Studierenden 73
Abbildung 36: Erfolgseinschätzungen nach sozialer Unterstützung – alle Studierenden 74
Abbildung 37: Erfolgseinschätzungen – alle Lerntypen 75
Abbildung 38: Bewertung der eigenen Leistung – alle Lerntypen 76
Abbildung 39: Bewertung der Menge des bereits Gelernten – alle Lerntypen 76
Abbildung 40: Bewertung der erzielten Noten – alle Lerntypen 77
Abbildung 41: Bewertung des zeitlichen Lernfortschritts – alle Lerntypen 77

# Tabellenverzeichnis

| | | |
|---|---|---|
| Tabelle 1: | Lerntheorien und Kernfragen des Lehrens und Lernens | 7 |
| Tabelle 2: | Aspekte selbstgesteuerten Lernens nach Friedrich/Mand | 10 |
| Tabelle 3: | Indikatoren der Selbst- und Fremdsteuerung in Lernszenarien | 11 |
| Tabelle 4: | Jungs Persönlichkeitstypologie | 18 |
| Tabelle 5: | Zentrale Forschungsfragen der quantitativen Untersuchung | 29 |
| Tabelle 6: | Lernstiltypen – Verteilung der Befragten | 42 |
| Tabelle 7: | Lernbiographien – Häufigkeit der Tätigkeiten auf Basis von Indexwerten | 51 |
| Tabelle 8: | Items zur Messung von Motivation, Konzentration und sozialem Umfeld | 52 |
| Tabelle 9: | Lernstiltyp, Motivation, Konzentration und soziales Umfeld | 58 |
| Tabelle 10: | Lernstrategien – Arten und Ausprägungen | 60 |
| Tabelle 11: | Items zur Messung des Lernerfolgs | 67 |
| Tabelle 12: | Lernerfolg und Strategien zur Organisation | 79 |
| Tabelle 13: | Lernerfolg und Strategien zum Erkennen von Zusammenhängen | 80 |
| Tabelle 14: | Lernerfolg und Strategien zum kritischen Prüfen | 81 |
| Tabelle 15: | Lernerfolg und Strategien zum Wiederholen | 81 |
| Tabelle 16: | Lernerfolg und Strategien zum Anstrengen | 82 |
| Tabelle 17: | Lernerfolg und Strategien zum Zeitmanagement | 83 |
| Tabelle 18: | Lernerfolg und Strategien zur Lernumgebung | 84 |
| Tabelle 19: | Lernerfolg und Strategien zum Austausch mit Studienkollegen | 85 |
| Tabelle 20: | Lernerfolg und Strategien zur Literaturrecherche | 86 |
| Tabelle 21: | Lernerfolg und Strategien zur Zielsetzung und zur Planung | 86 |
| Tabelle 22: | Lernerfolg und Strategien zur Kontrolle | 87 |
| Tabelle 23: | Lernerfolg und Strategien zur Regulation | 88 |
| Tabelle 24: | Erfolgversprechende Strategien für einzelne Lernstiltypen | 89 |

# 1 Vorbemerkung

Im Kontext der aktuellen Diskussion um lebenslanges Lernen erlangt das selbstgesteuerte Lernen Erwachsener immer mehr an Bedeutung. Insbesondere das Forschungsfeld des Lernens im Fernstudium und konkret des Zusammenhangs von Lernstilen beziehungsweise Lernstrategien und dem Lernerfolg stellt mit dem Fokus auf erwachsenen Lernern ein weitestgehend wenig erforschtes Feld und somit aufgrund steigender Teilnehmerzahlen in der Fernlehre[1] ein aktuelles Forschungsdesiderat dar.

Das im Folgenden dargestellte Forschungsprojekt vereint die Expertise des Professorenteams von der Lehr-Lernforschung bis hin zur betriebswirtschaftlichen Prozessoptimierung unter Anwendung empirischer Forschungsmethoden.

Verschiedene Studien belegen, dass das Wissen um den eigenen Lernstil die Motivation deutlich erhöhen und die Lernleistung steigern kann.[2] Das Forschungsziel der vorliegenden Arbeit liegt darin, wissenschaftliche Erhebungsinstrumente weiterzuentwickeln und zu erproben, mit denen die Diagnose von Lernstilen und Lernstrategien möglich ist und die Korrelation zum Lernerfolg von berufstätigen Lernern erforscht werden kann. Die Forschungsergebnisse sollen in die Verbesserung der Lehr-Lernprozesse an der Hochschule einfließen.

Die in dieser Arbeit vorgelegten empirischen Analysen zum Lernverhalten berufstätiger Studierender sind Ergebnis einer zweistufigen Erhebung. Die Daten

---

1 Lehmann verweist auf das Forum Distance E-Learning 2011 und zeigt auf, dass von 2003 bis 2009 die eingeschriebenen Fernlernenden in Deutschland ca. um ein Drittel auf fast 400.000 Teilnehmer angestiegen sind. Hierbei sei angemerkt, dass hier Fernlehrgänge und Fernstudien zusammengefasst worden sind. Vgl. Lehmann, B. (2012), S. 22.
2 Vgl. Vester, F. (2014), S. 136f.

für die quantitative Untersuchung wurden 2011 in einer Online-Befragung erhoben; die Interviews für die qualitativen Untersuchungen wurden zwischen 2011 und 2014 durchgeführt.

# 2 Entwicklung von Lernkompetenzen als zentrale Schlüsselkompetenz

## 2.1 Lebensbegleitendes Lernen im sozialen und wirtschaftlichen Kontext

### 2.1.1 Doppelrolle der Bildung

In der Empfehlung des Europäischen Parlaments und des Rates vom 18. Dezember 2006 zu Schlüsselkompetenzen für lebensbegleitendes Lernen[3] wird die Doppelrolle von Bildung sowohl im sozialen als auch im wirtschaftlichen Kontext hervorgehoben. Der Referenzrahmen stellt hierbei folgende Ziele in den Mittelpunkt:

„1. die Schlüsselkompetenzen zu ermitteln und zu definieren, die in einer Wissensgesellschaft für persönliche Entfaltung, aktive Bürgerschaft, sozialen Zusammenhalt und Beschäftigungsfähigkeit nötig sind;

2. die Bemühungen der Mitgliedstaaten zu unterstützen, dass junge Menschen nach der Grundbildung und Ausbildung die Schlüsselkompetenzen erworben haben, die ihnen eine solide Basis für das weitere private sowie berufliche Leben bieten und ihnen als Erwachsene darauf aufbauend die Möglichkeit geben, ihre Kompetenzen kontinuierlich weiterzuentwickeln und zu aktualisieren[4];

3. den politischen Entscheidungsträgern, Bildungsanbietern, Ausbildungsträgern sowie den Lernenden selbst ein Referenzinstrument auf europäischer Ebe-

---

3  Vgl. Europäisches Parlament und Rat, Amtsblatt L394 vom 30.12.2006.
4  Dieser Prozess wird als lebenslanges Lernen bezeichnet.

ne an die Hand zu geben, um das Streben auf nationaler und europäischer Ebene nach gemeinsam vereinbarten Zielen zu unterstützen;

4. einen Rahmen für weitere Aktionen auf Gemeinschaftsebene zu bieten sowohl im Kontext des Arbeitsprogramms „Allgemeine und berufliche Bildung 2010" als auch im Kontext der „Bildungs- und Berufsbildungsprogramme der Gemeinschaft."[5]

Im Ursprung werden hier Ziele aufgegriffen, die nicht neu sind. 1959 eröffnete Klafki in seinem renommierten Aufsatz zur kategorialen Bildung die bildungsbegriffliche Debatte zwischen formaler und materialer Bildung, die allerdings bereits auf Lehmensick zurückgeht.

Es stellt sich die Frage, ob die heutige Bildungsdebatte, die durch die Bologna-Erklärung[6,7] in Gang gesetzt wurde, im Zusammenhang mit der Forderung nach Schlüssel- und Lernkompetenzen mit der ab diesem Zeitpunkt in der Pädagogik immer wieder diskutierten formalen und materialen Bildung steht. Übergreifende Kompetenzen, die nicht an einen konkreten fachlichen Inhalt gebunden sind, weisen eine große Nähe zum Konzept der formalen Bildung auf. Durch die aktuelle Informationsflut und die Tatsache, dass Wissen sehr schnell seine Aktualität verliert, hat die formale Bildung sich auf den Anspruch konzentriert, das Lernen zu lernen. Die materiale Bildung sieht jedoch die Inhalte als das wesentliche Element der Bildung an. Die Meinungen über den Wert der Inhalte bei der Ausbildung von Kompetenzen gehen weit auseinander.[8]

In Anlehnung an das Konzept der formalen Bildung soll in dieser Forschungsarbeit der Lerner selbst als Subjekt – und nicht der Lerninhalt – ins Zentrum der Betrachtung gestellt werden. Denn Inhalte werden nicht um ihrer selbst willen erlernt, sondern basieren insbesondere bei Erwachsenen auf dem Wunsch des Erreichens selbst gesetzter Ziele. Im Rahmen dieses Beitrags soll daher die Selbststeuerung des Lernens – insbesondere durch erwachsene Lerner – erforscht werden.

Die Lerninhalte sind im Kontext der Fernlehre aus der Perspektive des Lerners häufig gegeben, aber der Strategieeinsatz zur Aneignung, die Präferenzen und Dispositionen des Lerners variieren und sollen daher in dieser Forschungsarbeit detailliert betrachtet werden, um Rückschlüsse auf ein optimiertes selbstgesteuertes Lernen in der Fernlehre zu ermöglichen.

---

5   Europäisches Parlament und Rat, Amtsblatt L394 vom 30.12.2006, S. 13.
6   Vgl. Bologna-Erklärung der Europäischen Bildungsminister (1999).
7   Für eine detaillierte Betrachtung formaler und materialer Bildungstheorien vgl. Klafki (1963) und die bedeutende Studie von Lehmensick, E. (1926) zur formalen Bildung.
8   Vgl. Alonso, G. (2009), S. 17f.

## 2.1.2 Bildungsziele

Der deutsche Bildungsforscher Friedrich Edding definierte 1969 folgende Grundhaltungen und Fertigkeiten als Bildungsziele. Eine Vielzahl dieser Elemente finden sich (teilweise unter anderen Begriffen) auch in den aktuellen Forderungen im Kontext von Selbststeuerung beim lebenslangen Lernen:[9]

- kontinuierliche Lernbereitschaft;
- Fähigkeit zu logischem, analytischem und kritischem Denken;
- Fähigkeit zu dispositivem Denken (Einteilen von Zeit und Mitteln, Organisieren);
- Teamfähigkeit;
- Ausdauer und Belastbarkeit;
- Konzentrationsfähigkeit und Genauigkeit;
- Leistungsbereitschaft, Lösungsorientierung;
- Fähigkeit, mit sich selbst so umzugehen, dass Störungen die Ausnahme sind.

Viele dieser Aspekte sind insbesondere für das Lernen im Fernstudium von hoher Relevanz. Edding selbst merkt an, dass diese Liste selbstverständlich erweitert werden muss und kritisiert, dass Lehrende wie Lernende „die allgemeinen (auch als formal bezeichneten) Bildungsziele vernachlässigen, zugunsten der fachlichen Leistungen oder in stärkerer Einengung: zugunsten des abfragbaren Wissens".[10]

Aus der Diskussion wird deutlich, dass die Ausbildung von Lernkompetenz selbst und formale Bildungsansätze miteinander verwandt sind. Insbesondere die Loslösung von den konkreten Inhalten hin zur Fokussierung, wie das Lernen stattfinden soll und zu welchem Zweck, ist beiden Ansätzen gemeinsam. Weiterhin ist die Subjektbezogenheit ein zentraler Gedanke in beiden Konzepten. Bezugnehmend auf den kategorialen Bildungsbegriff Klafkis sollte im Hinblick auf die Lernkompetenzdebatte besonders berücksichtigt werden, dass eine Trennung von materialer und formaler Bildung nicht möglich ist. Den Möglichkeiten und Chancen der Integration sollte daher in der Praxis insbesondere durch die Einbeziehung des Aspektes der Selbststeuerung im Lernprozess Rechnung getragen werden.[11]

---

9  Vgl. Edding, F. (1969), S. 20.
10 Edding, F. (1969), S. 21.
11 Vgl. hierzu auch Alonso, G. (2009), S. 18f.

## 2.2 Lernpsychologische Grundlagen

## 2.2.1 Individuelle Lernformen

Bei der Betrachtung moderner schulpädagogischer Konzepte wird bereits im Elementarbereich offensichtlich, dass sich Lernkontexte auch in den Grundschulen in den letzten Jahrzehnten stark verändert haben. Ansätze selbstgesteuerten Lernens sind bereits hier deutlich erkennbar und doch werden gleichermaßen individuelle Lernformen in pädagogische Konzepte integriert. Denn schon in jungen Jahren lassen sich individuelle Lernpräferenzen bei Kindern erkennen. In der Schule erschließen sich manche Lerner ihr Wissen in erster Linie durch das autonome und systematische Durcharbeiten der Lernhefte. Lehrer bemerken, dass manche Schüler hierbei großen Ehrgeiz entwickeln, andere fühlen sich jedoch nicht ausreichend motiviert oder gar frustriert durch diese Lernform.

Neue Konzepte wie jahrgangsgemischte Eingangsstufen in den Grundschulen, in denen Kinder z. B. aus der ersten und zweiten Klasse zusammen unterrichtet werden, verfolgen das Ziel durch altersgemischte Gruppen unterschiedliche Erfahrungen mit Schule und Lernen produktiv für den Einzelnen nutzbar zu machen. Diese Konzepte basieren darauf, dass Kinder in hohem Maße mit und von anderen lernen. Je nach individuellen Stärken und Schwächen sollen sie unterschiedliche Erfahrungen mit ihrem Lernprozess sammeln. Durch die Integration von Rollenwechseln kann sich das einzelne Kind auch als Leistungsträger empfinden. Derartige Konzepte basieren auf Lernpatenschaften und organisierten Lerngruppen und weisen bereits Parallelen zum Lernen in Hochschulkontexten auf.

Auch an den Hochschulen erschließen sich Studierende ihr Wissen und ihre Kompetenzen auf sehr unterschiedliche Art und Weise. Obgleich das autonome Lernen hier in deutlich höherem Maße ausgeprägt ist, präferieren manche Studierende doch das Arbeiten in Lerngruppen oder mit Lernpartnern. Sie möchten unterschiedliche Lernwege und Optionen entwickeln, ggf. erproben und diskutieren. Es zeigt sich deutlich, dass für manche Lerner ein tieferes Verständnis des Gelernten erst erreicht wird, wenn sie die Lösung mit anderen gemeinsam erarbeiten und sich intensiv darüber austauschen. Dabei erzielen die unterschiedlichen Lerntypen mit ihrem Lernweg häufig jeweils gute Ergebnisse.

Hieraus lässt sich ableiten, dass das Lernen sehr individuell ist und die vielfältigsten Facetten aufweist. Lernprozesse sollten somit auch den unterschiedlichsten Lernpräferenzen der Lerner Rechnung tragen. Im Bereich der Lerntheorien wurden hier in den letzten Jahrzehnten sehr unterschiedliche Ansätze entwickelt. In der folgenden Tabelle werden zentrale Grundannahmen des Lehrens und Lernens in Kürze zusammengefasst.

| Kategorie | Behaviorismus | Kognitivismus | Konstruktivismus |
|---|---|---|---|
| Hirn ist ein | passiver Behälter | informationsverarbeitendes Gerät | informationell geschlossenes System |
| Wissen wird | abgespeichert | verarbeitet | entwickelt |
| Wissen ist | eine korrekte Input-Output-Relation | ein adäquater interner Verarbeitungsprozess | situationsadäquates Agieren |
| Lernziele | richtige Antworten | richtige Methoden zur Antwortfindung | komplexe Situationen bewältigen |
| Paradigma | Stimulus-Response | Lösungsfindung | Konstruktion |
| Strategie | lehren | beobachten und unterstützen | kooperieren |
| Lehrender ist | Autorität | Tutor | Coach, Trainer |

Tabelle 1: Lerntheorien und Kernfragen des Lehrens und Lernens[12]

Diese Kernfragen des Lernens beschäftigen die Wissenschaftler der Pädagogik und der Lernpsychologie seit vielen Jahren.

## 2.2.2 Konstruktivistische Perspektive des Forschungsansatzes

Der folgende Beitrag soll auf einem konstruktivistischen Ansatz basieren, in dem Wissen auf unterschiedlichste Art und Weise verarbeitet werden kann. Denn im Gegensatz zu den in Tabelle 1 erörterten Merkmalen der klassischen Lerntheorien (Behaviorismus und Kognitivismus) steht für die Autoren nicht nur das Verhalten und die Informationsverarbeitung, sondern die eigenständige Wissenskonstruktion im Vordergrund. Insbesondere erwachsene Lerner (im Fernstudium) sollen auf Basis ihrer bisherigen Erfahrungen, Kenntnisse, Kontexte und Ziele ihren persönlichen Weg finden, um komplexe Situationen bewältigen zu können. Sie sollen somit eine Kompetenz zur eigenen Problemlösung entwickeln und konstruieren. Das Lernmaterial soll den Lerner anregen. Und der Lehrende ist in diesem Prozess eine Art Coach, der den Lerner begleitet und unterstützt, seinen persönlichen Lernweg zu finden und seine Strategien adäquat einzusetzen.

---

12 Adaptiert nach Baumgartner, P./Payr, S. (1994), S. 110.

Dieser Arbeit liegt das Konzept von Reinmann-Rothmeier/Mandl zugrunde, die Lernen unter folgenden Prämissen betrachten, welche insbesondere für erwachsene Lerner von hoher Relevanz sind. Lernen ist

- ein aktiver Prozess, der erst durch aktive Beteiligung ermöglicht wird;
- ein selbstgesteuerter Prozess, in dem der Lerner die Kontrolle und Steuerung übernimmt;
- ein konstruktiver Prozess, in dem auf vorhandenen Wissensstrukturen aufgebaut wird und die eigenen Erfahrungen interpretiert werden;
- ein emotionaler Prozess, der von sozialen und leistungsbezogenen Emotionen beeinflusst wird und die Motivation bedingt;
- ein sozialer Prozess, der fast immer eine Interaktion beinhaltet;
- ein situativer Prozess, in dem Wissen im Kontext angewendet wird und erst so zu Verstehen und Kompetenz führt.[13]

## 2.2.3 Begriffsbestimmungen

Im Folgenden werden die zentralen Begrifflichkeiten in Kürze zusammengefasst und voneinander abgegrenzt, um ihre Verwendung in dieser Arbeit zu klären. Detaillierte Erläuterungen der hiermit einhergehenden Konzepte finden sich in den folgenden Kapiteln.

*Lernstile* stellen überdauernde Tendenzen beim Lernen dar, die sich aus Persönlichkeitsmerkmalen, Erfahrungen und individuellen Präferenzen einer Person entwickeln.

*Lernstrategien* hingegen werden von Lernenden durch konkretes Verhalten und Gedanken aktiviert. Sie werden sowohl intuitiv als auch bewusst je nach Kontext eingesetzt, um die Motivation, den Lernprozess und sein Ergebnis zielorientiert zu beeinflussen, zu steuern und zu kontrollieren.

*Lerntechniken* bezeichnen die einzelnen konkreten methodischen Elemente, wie zum Beispiel Hervorhebungen anhand von Farben oder Randnotizen zur Strukturierung des Lernmaterials. Eine Technik wird durch den geplanten Einsatz zur Erfüllung eines konkreten Ziels innerhalb eines Lernprozesses zur Strategie.[14]

*Lernaktivitäten* bezeichnen in eher allgemeinerem Sinne sämtliche Handlungen einer Person mit dem Ziel der Verbesserung von Wissen, Fähigkeiten und Kompetenzen. Die Handlungen sind beabsichtigt und organisiert.

---

13 Vgl. Reinmann-Rothmeier, G./Mandl, H. (2001), S. 603ff.
14 Vgl. Streblow, L./Schiefele, U. (2006), S. 353.

## 2.3 Selbstgesteuertes und selbstreguliertes Lernen

### 2.3.1 Selbstgesteuertes Lernen als Schlüsselkompetenz

Dem selbstgesteuerten bzw. selbstregulierten Lernen[15] wird in den letzten Jahren – neben dem Aufbau von klassischem Fachwissen – sowohl in der Wissenschaft als auch in der Praxis eine stetig wachsende Bedeutung eingeräumt. Dies ist tatsächlich so bedeutend, da das selbstgesteuerte Lernen sowohl die Basis für formales Lernen, dem Lernen in strukturierten Lernumgebungen in der Regel zum Qualifikationserwerb, als auch für das Lernen in informellen Kontexten, dem Lernen im täglichen Leben (am Arbeitsplatz, in der Familie etc.), darstellt. Selbstgesteuertes Lernen ist somit eine der bedeutendsten Schlüsselkompetenzen unserer Zeit, da es ein dynamisches Konzept darstellt, welches es uns ermöglicht, kontinuierlich weiterzulernen, umzulernen und uns auch komplett neues Wissen und neue Kompetenzen zu erschließen.

Menschen entwickeln ganz individuelle Zugänge zum eigenen Lernen. Sie beeinflussen somit, auf welche Art und Weise sie ihr Lernen gestalten, strukturieren, steuern und bewerten. Diese Fähigkeit wird als *Metakognition* bezeichnet. Hierzu gehört ein Komplex von Lernstrategien, der im Verlauf dieser Arbeit von besonderer Relevanz sein wird, da der Lerner – so unsere Hypothese – umso erfolgreicher ist, je zielorientierter er in der Lage ist, metakognitive Lernstrategien einzusetzen. Diese ermöglichen dem Lerner, sich komplexe Fragestellungen zu erschließen und bereits gesammelte Wissensbestände und Kompetenzen auf andere Probleme und Inhalte transferieren zu können.

Weinert beschreibt in seiner Definition des selbstgesteuerten Lernens dieses Konzept auf eine Art und Weise, die sich sehr gut auf das Lernen Erwachsener im Fernstudium übertragen lässt. Die Selbststeuerung ist nach Weinert dann gegeben, wenn der Lerner „die wesentlichen Entscheidungen, ob, was, wann, wie und woraufhin er lernt, gravierend und folgenreich beeinflussen kann."[16] Diese Entscheidungen der Planung, Gestaltung und Kontrolle des Lernprozesses hängen, wie auch Friedrich/Mandl betonen, von motivationalen, kognitiven und metakognitiven Komponenten ab.[17] Die Autoren unterteilen den Lernprozess in strukturelle und prozessuale Komponenten.[18]

---

15 In der Literatur werden die Termini selbstgesteuertes, selbstreguliertes oder selbstorganisiertes Lernen nicht klar voneinander abgegrenzt. Renommierte Wissenschaftler wie Levin/Arnold stufen die Unterschiede zwischen den Begriffen für die Praxis als gering ein. Vgl. hierzu Levin, A./Arnold, K.-H. (2006), S. 206. Daher werden die genannten Termini auch in dieser Arbeit synonym verwendet. Vgl. zur Kontrastierung von Selbststeuerung und Selbstregulation auch Sehr, A. (2008), S. 34ff.
16 Weinert, F. E. (1982), S. 102.
17 Diese Typologie der Funktionsbereiche findet sich u. a. bei Boekaerts, M. (1996); Weinstein et al. (2000) wieder.
18 Vgl. Friedrich F. H./Mandl, H. (1997), S. 242f.

Strukturelle Aspekte sind habituelle, andauernde Merkmale des Lerners wie zum Beispiel Selbstbestimmung, Interesse am Lernthema und Ziele, die mit dem Erreichen des Lernziels einhergehen. Diese sind insbesondere für berufstätige Lerner im Fernstudium von hoher Relevanz. Prozessuale Strategien macht sich der Lerner zunutze, damit sie ihm helfen, seinen Selbstwert aufrechtzuerhalten, das heißt, er steuert zum Beispiel seine Einstellung in Bezug auf eine Lernaufgabe derart, dass er Argumente sucht, die ihn zum Beispiel bei einem Misserfolg schützen.

Volitionale Strategien sorgen für einen hohen Grad an Energie innerhalb des Lernprozesses. Emotionale Prozesse wie zum Beispiel Prüfungsangst beeinflussen das Handeln des Einzelnen ebenfalls in hohem Maße, können jedoch auch negative Auswirkungen haben.

| Motivationale Komponenten | Kognitive Komponenten | |
|---|---|---|
| Bedürfnisse | Inhaltswissen | |
| Interessen | Aufgabenwissen | Struktur |
| Ziele | Strategiewissen | |
| Selbstwirksamkeit | | |
| Selbstwerterhaltende Strategien | Informationsverarbeitungsstrategien | |
| Volitionale Strategien | Kontrollstrategien Prozess | Prozess |
| Emotionale Prozesse | Ressourcenstrategien | |

Tabelle 2: Aspekte selbstgesteuerten Lernens nach Friedrich/Mandl[19]

*Kognitive Komponenten* des selbstgesteuerten Lernens basieren auf dem Wissen um Inhalte, aber auch um die Anforderungen konkreter Aufgaben sowie Strategiewissen zur Zeitplanung etc. Prozessuale Aspekte sind Strategien der Informationsverarbeitung, Lernfortschrittskontrollen und Nutzung von gegebenenfalls auch externen Ressourcen zur Erschließung eines Lernstoffes. Diese Aspekte verdeutlichen die Breite und Tiefe psychologischer Theorien, die beim selbstgesteuerten Lernen berücksichtigt werden müssen.

Es wird innerhalb dieser Theorien deutlich, dass Motivation die wertvollste Ressource für das lebenslange Lernen und für die kontinuierliche Weiterentwicklung von Kompetenzen ist. Das heißt, es muss Interesse geweckt werden und die Wirksamkeit des eigenen Handelns muss im Lernarrangement erfahrbar gemacht werden. Hierfür sind in der Hochschule Lernsituationen zu schaffen, die selbstgesteuerte Lernprozesse ermöglichen, die Eigenverantwortung für

---

19 Friedrich F. H./Mandl, H. (1997), S. 242.

den persönlichen Lernprozess steigern, aber auch zugleich die Kooperation unter den Studierenden fördern, um somit soziale Kompetenzen weiter auszubauen. Die verschiedenen Elemente des Lernprozesses können dann an den Lerner in unterschiedlichem Maße übergeben werden.

### 2.3.2 Ausprägungen des Lernens

Die Steuerung des Lernprozesses kann je nach Kontext zwischen den Polen hoher Selbststeuerung und absoluter Fremdsteuerung erfolgen und Charakteristika aufweisen, die in der folgenden Tabelle dargestellt sind. Hier muss geprüft werden, welche Positionierung für die unterschiedlichen Lerner auf Basis ihrer Vorerfahrungen und kognitiven Fähigkeiten sinnvoll ist.

| Selbstgesteuertes Lernen | Pole | Fremdgesteuertes Lernen |
|---|---|---|
| Lernerzentrierung | Orientierung des Lerngeschehens | Lehrerzentrierung |
| Agierender Lerner | Aktivitätsgrad des Lernenden | Konsumierender Lerner |
| Flexible Lernzeiten | Zeitliche Flexibilität des Lernenden | Gebundene Lernzeiten |
| Variable Lernorte | Räumliche Flexibilität | Feste Lernorte |
| Lernzielautonomie | Entscheidungsfreiheit über Lernziele | Vorgegebene Lernziele |
| Frei wählbare Lerninhalte | Entscheidungsfreiheit über Lerninhalte | Vorgegebene Lerninhalte |
| Selbstkontrolle | Überprüfung des Lernerfolgs | Fremdkontrolle |

Tabelle 3: Indikatoren der Selbst- und Fremdsteuerung in Lernszenarien[20]

Die vollständige Übergabe aller Elemente ist für den unerfahrenen Lerner sicher nicht ratsam. Von Bedeutung ist weiterhin, dass auch selbstgesteuerte Lernprozesse adäquat begleitet werden. Eine graduelle Steigerung kann dann je nach Kontext und Zielgruppe die selbstständige Lernkompetenz und das Verantwortungsbewusstsein für den eigenen Lernprozess und Lernerfolg erhöhen.

Es ist jedoch zu beachten, dass Lernen immer auf der einen Seite selbst gesteuert werden kann, aber auch Komponenten beinhaltet, die von außen gegeben sind, wie das Lernmaterial im Fernstudium. Weder der eine noch der ande-

---

20 bmb+f (1998), S. 12.

re Pol (siehe Tabelle 3) tritt in der Regel in Reinform auf. Wenn jedoch die folgenden Komponenten in hohem Maße durch den Lerner gesteuert werden, dann kann von selbstgesteuertem Lernen[21] gesprochen werden:

– Ziele des Lernprozesses,
– Lernmethoden und Strategien im Lernprozess,
– Kontrollmechanismen,
– Lerninhalte,
– Lernmedien,
– Zeit,
– Ort,
– Offenheitsgrad der Lernumgebung,
– Lernpartner.

Effekte des selbstregulierten Lernens sind unter anderem, dass Lerner, die sich höhere Ziele setzen, häufig auch bessere Leistungen erzielen.[22] Sembill/Seifried führen basierend auf ihren Studien an, dass selbstorganisiertes Lernen im Gegensatz zu traditionellen Lehr-/Lernformen in höherem Maße das nachhaltige Lernen aller Lerntypen fördert – wohingegen traditionelles Lernen eher nur bestimmten Lerntypen zugutekommt.[23]

## 2.3.3 Lernen im (Fern-)Studium

Der Lernprozess im Studium hat in den letzten Jahren in der Forschung zunehmend an Interesse gewonnen. Streblow und Schiefele führen dies unter anderem auf die Bemühungen zurück, internationale Konkurrenzfähigkeit zu erlangen.[24] Andererseits verlangen rasante Entwicklungen in vielen Branchen auch eine flexible und effiziente Lernkompetenz von Absolventen, damit diese mit den Veränderungen standhalten können und die Unternehmen und Organisationen wettbewerbsfähig bleiben können.[25]

Das Lernen im Studium unterscheidet sich deutlich von vorhergehenden Lernerfahrungen. Im Studium können und müssen Entscheidungen in deutlich höherem Maße selbst getroffen werden. Das Studienfach selbst, Studienschwerpunkte sowie die Art wie gelernt wird, können nach Stärken, Interessen und persönlicher Motivation getroffen werden.

Weiterhin weisen die Lernziele an der Hochschule eine hohe Komplexität auf und diese steigert sich nach Grad des Hochschulabschlusses. Grundsätzlich lässt

---

21 Vgl. Konrad, K./Traub, S. (1999).
22 Vgl. Zimmermann, B. J./Bandura A. (1994), S. 853ff.
23 Vgl. Sembill, D./Seifried, J. (2006), S. 105.
24 Vgl. Streblow, L./Schiefele, U. (2006), S. 352.
25 Vgl. hierzu auch Wild, K. P. (2000).

sich sagen, dass Studierende den Lernstoff einordnen, regelbasiert anwenden und analysieren können müssen. Darüber hinaus müssen sie neues Wissen produzieren und eigene Urteile kriterienbasiert bewerten können. In Prüfungen muss dies unter Beweis gestellt werden. Der Umfang und die Komplexität des Lernstoffes setzt bereits traditionell ein hohes Maß an selbstgesteuertem Arbeiten voraus. Der lerner hat zwar in der Regel einen erheblichen Entscheidungsspielraum bezüglich seines Lerntempos und seiner Lernformen, muss jedoch individuell den geeigneten Lernweg finden, um die Prüfungen erfolgreich zu bestehen. Lernprozesse müssen somit zielorientiert sein, aber auch den individuellen Lernpräferenzen Rechnung tragen.

Nicht alle Lernkontexte bieten die Möglichkeit sich z. B. über den Lernstoff auszutauschen, was für manche Lerntypen von Nachteil ist. Für viele – insbesondere berufstätige – Lerner ist es hilfreich einen persönlichen Bezug zu dem Lernstoff aufbauen zu können. Sie erreichen oftmals herausragende Ergebnisse, indem es ihnen gelingt, theoretische und praktische Erkenntnisse in idealer Weise zu verbinden. Berufstätige Studierende haben oftmals Interesse daran, sich über diesen Transfer auszutauschen und diesen zu evaluieren, da ihnen dies auch im beruflichen Kontext häufig neue Perspektiven eröffnet. Austausch und Feedback leisten hier einen hohen Beitrag zur Motivation.

Lernstrategien sind für (Fern-)Studierende von höchster Bedeutung, da Lernen an der Hochschule in hohem Maße komplex ist und über einen langen Zeitraum hinweg autonom gesteuert werden muss. Die zielorientierte und selbstgesteuerte Lernorganisation, Selbststeuerungsmechanismen, Motivation und das eigene Monitoring innerhalb des Lernprozesses spielen aufgrund der autonomen Studienstruktur eine noch größere Rolle.[26] Fragen der Möglichkeiten zur optimierten Einflussnahme auf den Lernprozess sind somit auch hier in hohem Maße relevant.

Eine besondere Herausforderung der aktuellen Lernstrategieforschung ist die Frage, in welchem Maße Lernstrategien die Lernleistungen beziehungsweise den Lernerfolg beeinflussen. Bereits 1994 konnten Entwistle und Marton einen hohen Einfluss von kognitiven Lernstrategien auf den Lernerfolg in ihren experimentellen und labornahen Studien feststellen.[27] Ergänzend wurden in Feldstudien an Schulen und Hochschulen signifikante und positive Korrelationen festgestellt, jedoch waren diese in der Höhe eher gering.[28]

Es sei zu erwähnen, dass empirische Zusammenhänge zwischen Lernstrategien und Lernerfolg in einigen qualitativen und quantitativen Untersuchungen eher gering ausgefallen sind.[29] Gründe hierfür könnten in der Schwierigkeit der

---

26 Vgl. Mandl, H./Fischer, P. M. (1982), S. 113.
27 Vgl. Entwistle, N. J./Marton, F. (1994).
28 Vgl. Wild, K. P. (2001), S. 428.
29 Vgl. Schiefele et al. (2003); Wild, K. P. (2000).

validen und reliablen Erfassung des Lernerfolgs liegen.[30] Erschwerend kommt hinzu, dass die Beziehung zwischen Lernstrategien und Lernerfolg durch Moderatoren (wie zum Beispiel Lernmotivation) beeinflusst wird. Diese Moderatoren sind bisher nicht systematisch in Forschungen berücksichtigt worden.

Warneke führte 2013 unter 322 Fernstudierenden Erhebungen durch und untersuchte anhand verschiedener Items das Studierverhalten, Belastungen, erfolgskritische Umstände im Fernstudium und kombinierte dies mit dem Predictive Index-Persönlichkeitsfragebogen. Ergebnis dieser Studie war, dass Persönlichkeitsausprägungen sowohl das Verhalten als auch den Erfolg im Fernstudium beeinflussen.[31] Warneke empfiehlt den Einsatz von Persönlichkeitstests, um diese Ergebnisse in eine Beratung miteinzubeziehen und individuell zugeschnittene Unterstützungsangebote vonseiten der Bildungsanbieter offerieren zu können.[32] In einer von Boerner et al. veröffentlichten Studie wurden 577 berufsbegleitend studierende Personen anhand des LIST-Inventars befragt. Im praktischen Teil dieser Arbeit wurde dieses Inventar gewählt, da die von Wild und Schiefele angenommene Struktur der kognitiven, ressourcenbezogenen und metakognitiven Lernstrategien mehrfach faktorenanalytisch überprüft wurde. Darüber hinaus wurde auch die dreifaktorielle Struktur der metakognitiven Lernstrategien mit dem LIST-Inventar nachgewiesen. Somit konnten auch im Sinne einer Außenvalidierung Zusammenhänge zwischen Lernstrategien und Lernerfolg nachgewiesen werden.[33]

## 2.4 Lernstiltypologien

Ausprägungen des Lernens von Erwachsenen können, wie die Literatur sowie Praxiserfahrungen belegen, sehr facettenreich und individuell sein und Lernprozesse tragen, wie Studien zeigen, unterschiedlichsten Lernpräferenzen Rechnung.[34] Im Bereich der Lerntheorien wurden hier in den letzten Jahrzehnten sehr unterschiedliche Ansätze und Lerntheorien entwickelt.[35]

Wissenschaftler begannen bereits Mitte der 70er Jahre, sich unter dem Ansatz „Approaches-to-Learning" Erklärungen für Formen des selbstgesteuerten Lernens zu suchen. Lernforscher haben sich von Beginn an für die Frage interessiert, ob Lernende charakteristische Lernpräferenzen und Herangehensweisen aufweisen und sich Lerner somit bestimmten Lerntypen zuordnen lassen. Es

---

30 Vgl. Ruhloff, J. (1987).
31 Vgl. Warneke, C. (2013), S. 42ff.
32 Vgl. Warneke, C. (2013). S. 45.
33 Vgl. Boerner et al. (2005), S. 22ff.
34 Vgl. hierzu u. a. die Studien von De Souza Ide, M. H. (2004); Seipold, M. (2009); Yen, M. W. (2009); Naraghi Zadeh, A. (2004).
35 Zur Vertiefung der Lerntheorien und Paradigmen des Lehrens und Lernens (vom Behaviorismus, Kognitivismus zum Konstruktivismus), vgl. Baumgartner, P./Payr, (1994), S. 99ff.

stellte sich von jeher die Frage, ob die Herangehensweise von Lernern sich an der konkreten Anforderungssituation orientiert oder ob bestimmte situationsübergreifende präferierte Herangehensweisen bei Lernern vorliegen. Die Frage, ob Lerner sich in der Aufnahme, Strukturierung und Bearbeitung von Lerninhalten voneinander unterscheiden, war von der Idee geprägt, für die zu identifizierenden Gruppen ideale Lernumwelten anzubieten.

Die Klassifizierungen stammen aus den unterschiedlichsten Disziplinen und weisen sehr heterogene Typologien auf, über die auch noch keine disziplinübergreifende Einigkeit zu ihrer Validität erreicht werden konnte. Die Vielfalt der Ansätze äußert sich auch in der Verwendung uneinheitlicher Terminologie, was eine zusätzliche Herausforderung darstellt.

*Lernstile* sollen in dieser Arbeit – wie bereits erwähnt – als überdauernde Tendenzen beim Lernen, die sich aus den Persönlichkeitsmerkmalen, den Erfahrungen und individuellen Präferenzen einer Person entwickeln, verstanden werden.

### 2.4.1 Lernprozessnahe Ansätze

In den 70er Jahren legten die Studien der schwedischen Arbeitsgruppe von Marton/Säljö und der britischen Arbeitsgruppe von Pask den theoretischen Grundstein für die Lernstilforschung. Marton/Säljö konzentrierten sich schwerpunktmäßig auf akademisches Lernen – insbesondere auf Grundlage von Texten. Ihre Vorgehensweise basierte darauf, dass die Probanden – hier Studierende – gebeten wurden, Texte zu lesen, um anschließend Fragen dazu zu beantworten. Aus den Antworten konnte die Arbeitsgruppe Lernintentionen und Strategien ableiten. Die deutlichsten Ergebnisse ergaben sich im Bereich der „Tiefendimension". Hieraus ließ sich eine Typologie ableiten, die eine Klassifizierung der Lerner in zwei Gruppen ergab. Eine Gruppe der Probanden folgte nach Marton/Säljö dem „surface-level-approach" und die andere Gruppe dem „deep-level-approach".

Lerner, die den *surface-level-approach* wählen, fokussieren sich darauf, Fakten zu memorieren. Hierbei werden oftmals keine Zusammenhänge zwischen Informationen hergestellt. Das vorrangige Ziel liegt häufig darin, abprüfbares Wissen bei einer Prüfung wiedergeben zu können.

Lernern, die den *deep-level-approach* anwenden, ist es ein Anliegen, ein tieferes Verständnis der Lerninhalte zu erreichen. Sie versuchen, Verbindungen zwischen Informationen (innerhalb von Texten), aber auch zu ihrer Lebenswelt herzustellen. Zusammenfassend lässt sich sagen, dass Marton/Säljö bei ihren Forschungen das Ziel verfolgten, Zusammenhänge zwischen Lernintentionen und den gewählten Strategien zu identifizieren.[36]

---

36 Vgl. Marton, F./Säljö, R. (1984).

Die Forschungsgruppe von Pask identifizierte bei ihren Forschungsarbeiten ebenfalls zwei Lerntypen.[37]

Der von Pask als *operation learner* bezeichnete Lerntyp geht bei der Erarbeitung des Lernstoffes vorwiegend seriell vor. Diese Lerner arbeiten mit einer festen Struktur schrittweise den Lernstoff durch: Sie konzentrieren sich hierbei in hohem Maße auf Details und Einzelphänomene.

Wohingegen die *comprehension learners* als Holisten bezeichnet werden können, da sie ein weites Aufnahmespektrum aufweisen. Sie beschreiben die Lerninhalte viel häufiger als der erstgenannte Lerntypus mit Analogien, Illustrationen und Anekdoten und lernen wesentlich vorausschauender.[38]

Obgleich die oben beschriebenen Forschungsergebnisse von Marton/Säljö und Pask nicht auf umfangreichen empirischen Erhebungen und theoretischen Fundierungen basierten, so haben diese Analysen durch die Tatsache, dass die renommierten Arbeitsgruppen von Biggs (Australien) und Entwistle (Großbritannien) intensiv mit ihrer Methodik und ihren Ergebnissen weiterarbeiteten, doch eine lang anhaltende Wirkung in der lernpsychologischen Forschung erhalten.[39]

Biggs und Entwistle erstellten unabhängig voneinander aus den vorhandenen Skalen und Studierendeninterviews ein Set von Items, die verschiedene Vorgehensweisen beim Lernen charakterisieren. Durch eine anschließende Faktorenanalyse entstanden 10 beziehungsweise 12 Skalen. Erstaunlich ist, dass beide Forschungsgruppen wiederum unabhängig voneinander eine Neustrukturierung durch eine Faktorenanalyse zweiter Ordnung vornahmen, da sie mit der Aussagekraft für das Lernverhalten nicht zufrieden waren.

Die Forschungen von Entwistle/Ramsden (1983) ergaben folgende drei Lernorientierungen:

Lerner, die eine *meaning orientation* aufweisen, sind stark intrinsisch motiviert und in hohem Maße selbstgesteuert. Sie gehen eher frei mit dem vorgegebenen Lehrplan um. In Anlehnung an Marton verfolgen diese Lerner eine deep surface approach beziehungsweise in der Terminologie von Pask eine holistische Vorgehensweise.

Der zweite identifizierte Lerntyp weist eine *reproducing orientation* auf. Er ist stark extrinsisch motiviert und richtet sein Lernverhalten stark daran aus, seine Prüfungsangst zu minimieren, indem er – um mit Marton/Säljö zu sprechen – sich eng an die Fakten der Lehrtexte hält und diese memoriert (surface approach) beziehungsweise in Anlehnung an Pask dabei eine serielle Vorgehensweise wählt.

---

37  Vgl. Pask, G.(1976b).
38  Vgl. Wild, K.P. (2001), S. 425.
39  Vgl. Wild, K.P. (2001), S. 425f.

Der dritte Lerntyp lässt sich durch seine *achieving orientation* charakterisieren. Diesen Studierenden konnten keine spezifischen Lernstrategien zugeordnet werden. Sie weisen allerdings eine stark extrinsische Motivation auf, die durch einen Willen zum Erfolg gekennzeichnet ist.

Die Arbeitsgruppe um Biggs hat in Abstimmung mit der britischen Arbeitsgruppe ebenfalls diese Terminologie verwendet.

Beide Studien haben international weite Verbreitung erlangt und wurden vielfach überprüft. Während der oberflächenorientierte und der tiefenorientierte Ansatz in hohem Maße durch unterschiedliche Forschungen gestützt wurden, konnte der „achievement approach" (leistungsorientierte Ansatz) nicht eindeutig repliziert werden.[40]

## 2.4.2 Lernstiltypologie nach Kolb

Im Kontext dieser Untersuchung wird – wie bereits erwähnt – das Augenmerk auf den Lerner gerichtet. Bei der Gestaltung von Lernhandlungen wird das Modell des Erfahrungslernens nach Kolb[41] sehr hilfreich sein, da es auf der einen Seite Lernstiltypen abbildet und auf der anderen Seite auch als Lehr-Lernzyklus betrachtet werden kann.[42] Es kann somit zur Planung und Konzeption des Lehr-Lernkontextes unter Berücksichtigung der unterschiedlichen Lerntypen genutzt werden, sodass die unterschiedlichen Typen angesprochen werden und profitieren.

Kolb hat auf Basis umfangreicher empirischer Untersuchungen[43] vier Lernstile identifiziert, die er allerdings nicht als fest definierte Typen, sondern als stabile Zustände beschreibt. Seine Lernstiltypologie basiert auf der im Folgenden aufgeführten Persönlichkeitstypologie von Jung.[44]

---

40 Vgl. Wild, K. P. (2001), S. 426.
41 Vgl. Kolb, D. A. (1984); Kolb, D. A. (2015).
42 Vgl. hierzu Abbildung 1 und Abbildung 3.
43 Kolb hat über 800 Studierende und Manager befragt und folgende Lernstile identifiziert. Vgl. Kolb, D. A. (1984), S. 161 ff.
44 Für detaillierte Ausführungen zum Zusammenhang von Jung zu den Kolb'schen Lerntheorien siehe Kolb, D. A. (2015), S. 27 f.

| Mode of relation to the world | Extrovert Type<br>Oriented toward external world of other people and thing | Introverted Type<br>Oriented toward inner world of ideas and feeling |
|---|---|---|
| Mode of decision making | Judging Type<br>Emphasis on order through reaching decision and resolving issues | Perceiving Type<br>Emphasis on gathering information and obtaining as much data as possible |
| Mode of perceiving | Sensing Type<br>Emphasis on sense perception, on facts, details and concrete events | Intuition Type<br>Emphasis on possibilities, imagination, meaning, and seeing things as a whole |
| Mode of judging | Thinking Type<br>Emphasis on analysis, using logic and rationality | Feeling Type<br>Emphasis on human values, establishing personal friendships, decisions made mainly on beliefs and likes |

Tabelle 4: Jungs Persönlichkeitstypologie[45]

Aufgrund genetischer Veranlagung, Sozialisation, persönlicher Erfahrungen und Anforderungssituationen entwickeln die meisten Menschen – so Kolb – einen individuellen Lernstil. In Abhängigkeit davon, welche der folgenden Aspekte und Fähigkeiten dominant sind, lässt sich einer der folgenden Lernstile erkennen. Zur Messung der Lernstile hat Kolb das Learning Style Inventory (LSI) als Instrument entwickelt, das die vier Dimensionen erfasst:

– konkrete Erfahrung,
– reflektiertes Beobachten,
– abstrakte Begriffsbildung,
– aktives Experimentieren.

Dem Modell von Kolb liegen zwei orthogonale, also rechtwinklig zueinander stehende, bipolare Dimensionen zugrunde.

Die erste Dimension zeigt, wie Menschen Informationen wahrnehmen und sich aneignen. Dies kann entweder verstärkt durch die Sinne und somit durch das Sammeln von praktischen, konkreten Erfahrungen oder eher durch abstraktes Nachvollziehen und Begreifen geschehen.

Die zweite Dimension zeigt die Art der Informationsverarbeitung auf. Diese geschieht bei einigen Menschen eher durch das aktive Ausprobieren und bei anderen eher durch das reflektierte Beobachten. Daraus leitete die Forschungs-

---
45 Kolb, D. A. (2015), S. 117.

gruppe um Kolb Lerntypen ab, die den Quadranten der orthogonalen Dimensionen entsprechen (siehe Abbildung 1).

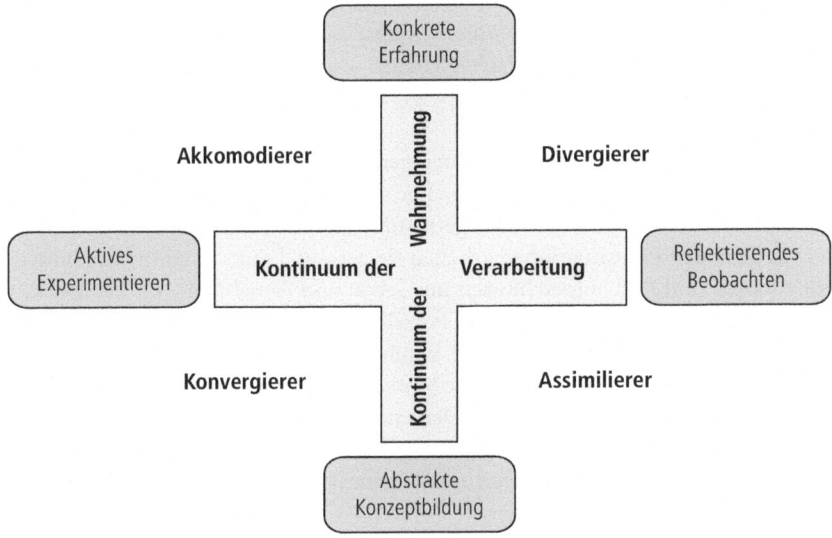

Abbildung 1: Lernstiltypologie nach Kolb.

Das Learning Style Inventory (LSI) – das Erhebungsinstrument zur Ermittlung der Lerntypen –, das auch dieser Forschungsarbeit als Erhebungsinstrument dienen soll, basiert auf wissenschaftlich fundierten Theorien zum Denken und zur Kreativität.[46] In dieser Arbeit wird das LSI in einer von Haller/Nowack an der Universität Göttingen weiterentwickelten Version verwendet.[47]

Die Termini Assimilation und Akkomodation sind zurückzuführen auf die Intelligenzkonzepte nach Piaget.[48] Piaget definierte Intelligenz als Balance zwischen dem Prozess des Adaptierens von Konzepten zur Anpassung an die externe Umwelt (Akkomodation) und dem Prozess des Integrierens von Beobachtungen in bereits existierende Konzepte (Assimilation). Konvergenz und Divergenz sind die beiden zentralen kreativen Phasen des Structure-of-Intellect-Modells von J. P. Guilford.[49]

---

46 Für weitere Details zur Genese des Lernstilinventars und seiner aktuellen Weiterentwicklung siehe Kolb (2015).
47 Das Kolbsche LSI unterliegt dem Copyright und darf nur nach Entrichtung einer Gebühr verwendet werden. Die deutsche Version von Haller/Nowak entspricht dem Kolbschen Inventar in hohem Maße, ist in Deutschland vielfach erfolgreich erprobt und frei verfügbar. Vgl. hierzu u. a. die Studien von De Souza Ide, M. H. (2004); Seipold, M. (2009); Yen, M. W. (2009); Naraghi Zadeh, A. (2004).
48 Vgl. Kolb, D. A. (2015). S. 12 ff. und S. 34 ff.
49 Vgl. Kolb, D. A. (2007), S. 9.

Eine Gruppe von Lernern hat er als „**Divergierer**" (Kreative) bezeichnet, da bei diesen Personen das Fühlen und Wahrnehmen von konkreten Erfahrungen im Vordergrund steht. In vielen Situationen neigen sie eher dazu, zu beobachten als sofort zu handeln. Sie treffen Entscheidungen eher intuitiv und legen Wert auf Kontakt und zwischenmenschliche Beziehungen. Weiterhin ist das reflektierte Beobachten und Nachvollziehen von Interaktionen und Situationen bei diesen Personen stark ausgeprägt. Ein Perspektivenwechsel fällt ihnen leicht.[50]

Dieser Lerntyp generiert beim Lernen gern eigene Ideen und mag Methoden wie zum Beispiel das Brainstorming. Die Divergierer haben häufig vielfältige kulturelle Interessen und sammeln gern Informationen unterschiedlichster Natur. In formalen Lernsituationen arbeiten sie gern in Teams zusammen, können gut zuhören und sind aufgeschlossen im Geben und Annehmen von Feedback.

Die „**Assimilierer**" (die Planer, die Forscher) präferieren nach Kolb beim Lernen das reflektierte Beobachten und kombinieren es mit einer abstrakten Begriffsbildung. Dies bedeutet, dass ihre Stärke in der Anwendung von Logik und theoretischen Modellen liegt. Das Denken steht hier gegenüber dem Fühlen deutlich im Vordergrund. Die systematische Planung und Analyse sowie der Umgang mit abstrakten Begriffen und induktive Schlussfolgerungen sind bei dem Assimilierer stark ausgeprägt.[51]

Personen mit diesem Lernstil haben die Fähigkeit, umfangreiche Informationsmengen aufzunehmen und präzise in eine logische Struktur zu bringen. Die Assimilierer fokussieren sich beim Lernen weniger auf andere Menschen, sondern haben starkes Interesse an der abstrakten Gestaltung von Ideen und Konzepten. Es ist ihnen wichtig, dass Konzepte logisch und theoretisch fundiert sind und sie stellen die pragmatische Anwendung zunächst nicht in den Fokus. In formalen Lernsituationen fühlen sie sich in Vorlesungen wohl und sie lernen auch gern allein mit gut strukturiertem Lehrmaterial. Es ist ihnen wichtig, genug Zeit zum Reflektieren des Lernstoffes zu haben.[52]

Die „**Konvergierer**" (die Spezialisten, die Ingenieure) befassen sich auch gern mit Theorien und abstrakten Modellen, möchten jedoch durch aktives Experimentieren Einfluss auf Menschen und Situationen nehmen. Bei ihnen hat das Handeln, das heißt eine praktische Anwendung für Theorien und Konzepte zu finden, den größten Stellenwert. Sie neigen eher zu deduktiven Schlussfolgerungen und haben Interesse an der Umsetzung von Ideen und Theorien in die Praxis.

Personen dieses Lerntyps empfinden es als große Herausforderung, Lösungen für unterschiedliche Fragen und Probleme zu finden und haben auch keine

---

50 Vgl. Kolb, D. A. (1984), S. 77 f.
51 Vgl. Kolb, D. A. (1984), S. 78.
52 Vgl. Kolb, D. A. (2007), S. 9.

Schwierigkeit damit, Entscheidungen zu treffen, um ihre Ziele zu erreichen und ihre Ideen in die Praxis umzusetzen. Sie präferieren Lernsituationen wie zum Beispiel Simulationen, in denen sie neue Ideen ausprobieren oder erforschen und ihre praktischen Anwendungen erproben können.

Die „**Akkomodierer**" (die Macher) wenden ebenfalls gern aktive Experimente an, konzentrieren sich jedoch auch intensiv auf konkrete, praktische Erfahrungen, wobei ihnen die menschliche Interaktion hierbei sehr wichtig ist. Sie können sich schnell auf eine Situation und auf Menschen einstellen. Akkomodierer verlassen sich in höherem Maße auf Informationen, die sie von ihren Mitmenschen bekommen, als auf ihre eigene kognitive Analyse und sie handeln eher intuitiv.[53] Akkomodierer stellen sich gern herausfordernden Aufgaben. Sie arbeiten gern in Lernsituationen auch mit anderen zusammen. Sie setzen sich Ziele, leiten Aufgaben und Maßnahmen davon ab und probieren gern unterschiedliche mögliche Vorgehensweisen aus. Die Umsetzung von Projekten macht ihnen Spaß.

Folgende Stärken weisen die einzelnen Lerntypen tendenziell auf:

| **Akkomodierer** | **Divergierer** |
|---|---|
| Projekte fertig stellen | Vorstellungsvermögen |
| Führungsqualitäten | Verstehen von Menschen |
| Risikobereitschaft | Erkennen von Problemen |
| Initiative ergreifen | Brainstorming |
| Flexibilität | Offenheit |
| Praktische Umsetzungsstärke | |

| **Konvergierer** | **Assimilierer** |
|---|---|
| Probleme lösen | Planung |
| Treffen von Entscheidungen | Entwickeln von Modellen |
| Deduktives Begründen | Definieren von Problemen |
| Definieren von Problemen | Entwickeln von Theorien |
| Logisches Denken | Geduld |

Abbildung 2: Stärken einzelner Lerntypen.[54]

Kolb ist der Ansicht, dass sein Modell über die Lerntypologie hinaus auch als Lernzyklus genutzt werden kann. Lernen kann zum Beispiel mit konkreten Erfahrungen beginnen, die der Lerner beobachtet und reflektiert, um sie zu einer Theorie zu verarbeiten und um dann diese Hypothesen durch aktives Handeln

---
53 Vgl. Kolb, D. A. (1984), S. 78.
54 Vgl. Kolb, D. A. (2007), S. 10.

und Experimentieren zu überprüfen. In Kolbs Modell sind konkrete Lernerfahrungen Ausgangspunkt für Beobachtungen, Handlungen, Reflexionen und eine daraus resultierende Theoriebildung.

In der Phase des konkreten Erlebens muss die Situation unvoreingenommen aus vielfältigen Perspektiven wahrgenommen werden. Mit einer kreativen Haltung können hier bereits neue Ideen generiert werden. Die in dieser Lernphase geforderten Fähigkeiten sind nach Kolbs Untersuchungen am stärksten bei Personen ausgeprägt, die sich für andere Menschen interessieren und ein breites kulturelles Wissen mitbringen.

Die konkreten Beobachtungen und Erfahrungen müssen in der nächsten Phase mit einer gewissen emotionalen Distanz reflektiert werden, um die logischen Schlussfolgerungen zu generalisierbaren Erklärungskonzepten zu integrieren. In der folgenden Lernphase erfolgt eine systematische Analyse der entwickelten Modelle. Die generierten Hypothesen werden nun in verschiedenen Anwendungskontexten erprobt, um konkrete Lösungsmöglichkeiten zu erarbeiten. In der vierten Phase müssen konkrete Maßnahmen umgesetzt werden. Doch Probleme lassen sich selten durch nur einen Anwendungszyklus lösen. Daher folgt auf eine gefundene Lösung wieder eine neue konkrete Erfahrung, die verantwortungsbewusst auf der Basis der aus dem ersten Lernzyklus erfolgten Erkenntnisse beobachtet und erneut reflektiert werden muss. Personen, die in dieser Phase besonders aktiv sind, haben ihre Stärken im Initiieren von Lösungsprozessen und ihrer Umsetzung und agieren proaktiv.[55]

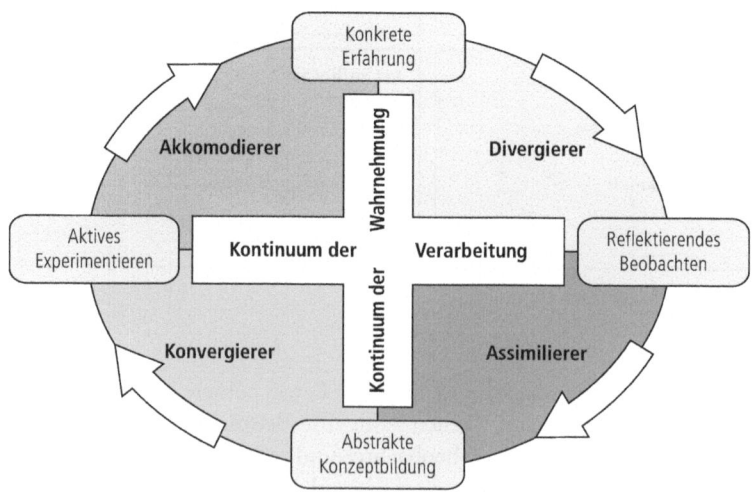

Abbildung 3: Lernzyklus nach Kolb.

---

55 Vgl. Alonso, G. (2009), S. 108f.

## 2.5 Lernstrategien

### 2.5.1 Ansätze der Lernforschung

Die Lernforschung untersucht Strategien, das heißt Verhaltensweisen und Kognitionen, die Lernende im Prozess aktiv und selbstgesteuert zur Aneignung neuen Wissens und neuer Kompetenzen einsetzen. Zahlreiche Autoren vertreten die Ansicht, dass neben kognitiven Aspekten auch motivationale und affektive Zustände den Erfolg des Lernprozesses in hohem Maße beeinflussen. Zugrunde liegt dieser Forschungslinie die Auffassung, dass Lerner prinzipiell über Fähigkeiten verfügen, aus einem Set von Vorgehensweisen die für die jeweilige Situation adäquate auszuwählen und diese je nach Kontext zielorientiert zu verändern. Dies geht auf konstruktivistische Konzepte der Selbstregulation[56] zurück.

Erste wichtige Ergebnisse zu den Lernstrategien lieferten die Forscherteams um Marton[57], Pask[58] und Entwistle[59]. Ziel dieser Arbeitsgruppen war es zunächst, mit qualitativ-explorativen Methoden unterschiedliche Lernstrategien zu erkennen und zu beschreiben, um daraus Lerntypen ableiten zu können. Später entwickelte sich eine stärker theoriebasierte Forschungsrichtung, die eher die Kognitionspsychologie als Basis für Behaltensleistungen in den Fokus stellte. Besondere Anerkennung fanden hierbei die Ergebnisse der Forschungsgruppen um Weinstein[60] und Pintrich[61]. Es konkurrieren somit in der Lernstrategieforschung unterschiedliche Definitionen und Typologien miteinander.

### 2.5.2 Charakteristika der Lernstrategien

*Lernstrategien* sind „Verhaltensweisen und Gedanken, die Lernende aktivieren, um ihre Motivation und den Prozess des Wissenserwerbs zu beeinflussen und zu steuern."[62]

Aus unterschiedlichen Definitionen lassen sich folgende Charakteristika ableiten, die Lernstrategien allgemein inhärent sind:

− Sie bestehen aus einer Abfolge von effizienten Lerntechniken, die wiederum
− zielorientiert und je nach Kontext flexibel eingesetzt werden können, jedoch

---

56  Vgl. Paris, S. G./Byrnes, S. G. (1989).
57  Vgl. Marton, F./Saljö, R. (1976 a; b).
58  Vgl. Pask, G./Scott, B. (1972); Pask, G. (1976 a; b).
59  Vgl. Entwistle, N. J./Ramsden, P. (1983).
60  Vgl. Weinstein, C. E./Mayer, R. E. (1986).
61  Vgl. Pintrich et al. (1991); Pintrich, P. R./Garcia, T. (1993).
62  Die weitgehend anerkannte Definition von Mandl/Friedrich (2006), S. 1 basiert auf der Grundlagenforschung von Weinstein, C. E./Mayer, R. E. (1986).

– in hohem Maße intuitiv und automatisiert angewandt werden – obgleich
– der Lerner durchaus ein Bewusstsein für den adäquaten Einsatz entwickelt.[63]

Der in diesem Kontext häufig anzutreffende Terminus *Lerntechnik* bezeichnet die einzelnen konkreten Methoden, wie zum Beispiel Hervorhebungen anhand von Farben oder Randnotizen zur Strukturierung des Lernmaterials. Eine Technik wird durch den geplanten Einsatz zur Erfüllung eines konkreten Ziels innerhalb eines Lernprozesses zur Strategie.[64]

### 2.5.3 Kategorisierung der Lernstrategien

Im Folgenden sollen Lernstrategien auf Basis zentraler Forschungsergebnisse systematisiert werden. Auf Basis der Forschungen von Printrich, Smith, Garcia & McKeachie (1991) und Wild/Schiefele (1994) lassen sich Lernstrategien in kognitive, metakognitive und ressourcenbezogene Strategien untergliedern. Bezüglich ihrer Zuteilung zu kognitiven beziehungsweise metakognitiven Lernstrategien lassen sich in verschiedenen Studien unterschiedliche Unterstrategien beziehungsweise unterschiedliche Zuordnungen finden. Unserem Forschungsprojekt liegt die folgende Terminologie und Zuordnung zugrunde:

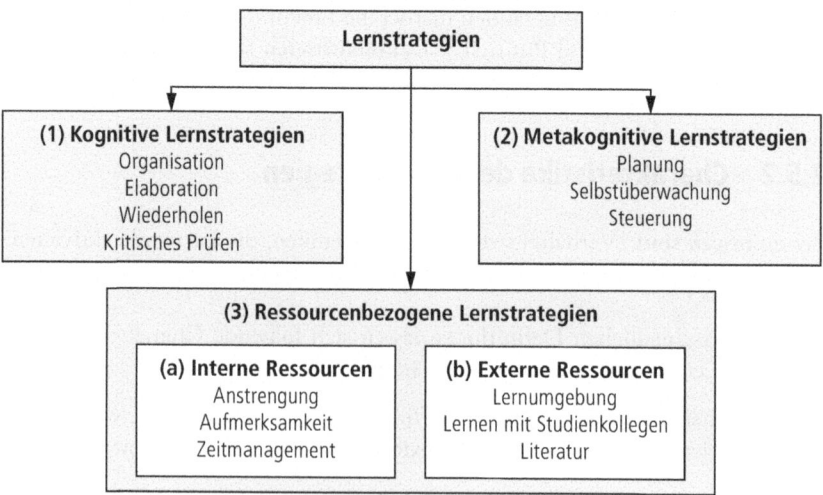

Abbildung 4: Systematisierung von Lernstrategien.[65]

---
63 Vgl. Streblow, L./Schiefele, U. (2006), S. 353.
64 Vgl. Streblow, L./Schiefele, U. (2006), S. 353.
65 Eigene Darstellung – basierend auf der Systematisierung von Wild, K. P./Schiefele, U. (1994).

Die **kognitiven Strategien** stellen in erster Linie Strategien der Wiederholung, der Elaboration und der Organisation des Lernstoffes in den Fokus. Bei der Wiederholung werden zum Beispiel Tabellen, Listen und Zusammenfassungen erstellt, die dann wiederholt laut oder leise gelesen werden.

Bei den Strategien der Elaboration wird an das Vorwissen angeknüpft und es werden Beispiele oder Exzerpte angefertigt. Bei der Organisation des Lernstoffes werden Strategien eingesetzt, die das Wissen in einer persönlichen Art und Weise strukturieren (in Tabellen, Graphiken, Mind-Maps etc.).

Den **metakognitiven Strategien** werden Strategien zugeordnet, die die Planung, Überwachung und Steuerung des Lernprozesses zum Ziel haben. Die Planung beinhaltet die Auseinandersetzung mit den konkreten Anforderungen, zum Beispiel auch einer Prüfungsleistung. (In welcher Form muss die Lernkompetenz nachgewiesen werden? Woran werde ich erkennen, dass ich die Anforderungen erreichen kann?)

Daraus leitet der Lerner die Definition der eigenen Lernziele ab. Welche Lernziele sind vorgegeben und welche persönlichen Lernziele setzt sich der Lerner? Welche Strategien und Ressourcen muss der Lerner einsetzen, um sein Lernziel zu erreichen? Wo steht er im Moment? Wo will er hin? Und wie genau will er sein Ziel erreichen? Darauf folgt eine Umsetzungsphase.

Anschließend sollte der Lerner Strategien der Kontrolle des Gelernten einsetzen, um den Grad des Verstehens des Lernstoffes zu überprüfen und zu reflektieren. Abschließend sollten dann Regulationsstrategien eingesetzt werden, um Verständnisschwierigkeiten aufzudecken und geeignete Strategien anzuwenden, um diese zu beheben.

Die **ressourcenbezogenen Strategien** können in interne und externe Ressourcen unterteilt werden. Von großer Bedeutung für den Lernerfolg ist die Bereitschaft, gegebenenfalls auch bei mangelndem Interesse hohe Anstrengungen über einen längeren Zeitraum auf sich zu nehmen. Weitere Strategien sind hier das Aufmerksamkeitsmanagement und das Zeitmanagement.

Ein gutes externes Ressourcenmanagement zeichnet sich durch die Fähigkeit aus, seine Lernumgebung optimal gestalten zu können, vom Austausch mit anderen zu profitieren und die Literatur effizient nutzen zu können, um sein Lernziel zu erreichen.

Nicht alle Studierenden kennen alle für sie hilfreichen Strategien. Es wäre ein sinnvolles Angebot, Lerner hierbei methodisch zu unterstützen und ihnen neue Strategien sowie deren Anwendung zu erklären. Dabei sollte explizit der Nutzen dieser Strategie verdeutlicht werden, damit das Einüben der Strategie nicht unmittelbar verworfen wird. Wissenschaftliche Studien belegen, dass es eine Weile dauert, bis eine neue Strategie zu besseren Ergebnissen im Vergleich zum bisherigen Lernverhalten führt.[66]

---

66 Vgl. Hasselhorn, M./Gold, A. (2013), S. 99ff.

# 3 Quantitative Untersuchung: Lernstile und Lernstrategien berufstätiger Studierender

## 3.1 Fragestellung

### 3.1.1 Multidimensionale Bezüge des Lernerfolgs

Zielsetzung einer anwendungsorientierten Forschung im Kontext der Analyse von Lernstilen und Lernstrategien sollte es sein, zu ermitteln, in welcher Weise die Optimierung von Lehr-Lernprozessen einen Beitrag zur Steigerung des Lernerfolgs der Studierenden leisten kann. In der folgenden Abbildung werden schematisch Zusammenhänge zwischen Merkmalen des Lernenden, Lernstilen, Lernstrategien und dem individuellen Lernerfolg dargestellt. Ergänzend, als situativer Kontext, ist die konkrete temporäre Lernsituation aufgeführt.

# 28 Quantitative Untersuchung: Lernstile und Lernstrategien berufstätiger Studierender

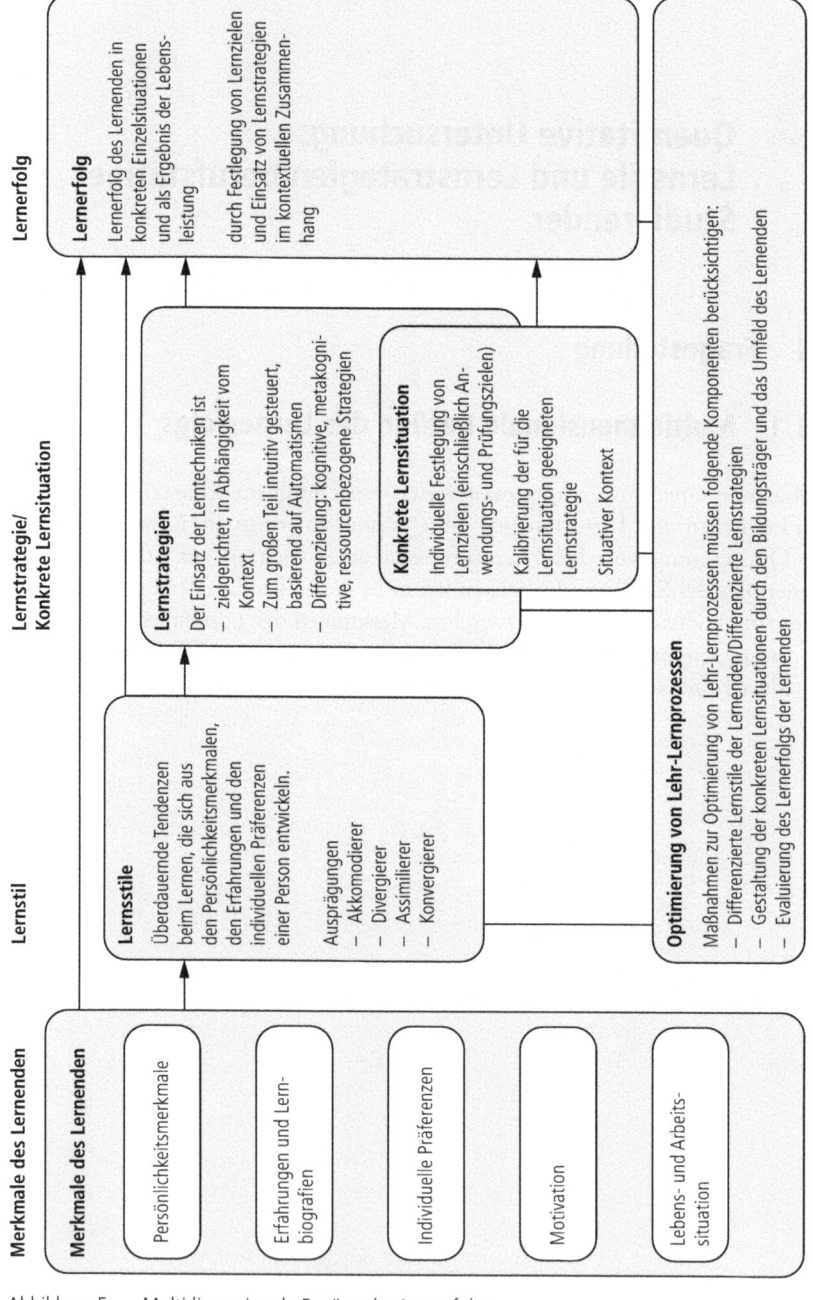

Abbildung 5: Multidimensionale Bezüge des Lernerfolgs.

Die konkrete temporäre Lernsituation kann bei Berufstätigen durch eine besondere Belastung geprägt sein, die sich zum Beispiel – bedingt durch eine unerwartet notwendig gewordene Dienstreise – durch Zeitmangel für eine Prüfungsvorbereitung ergibt. In dieser Situation erfolgt durch den Lernenden eine Anpassung der Lernstrategie an die besondere situative Anforderung. Aspekte der konkreten Lernsituation sind kein Gegenstand der im Folgenden behandelten Forschungsfragen.

### 3.1.2 Forschungsdesign und methodisches Vorgehen

Im Mittelpunkt der empirischen Untersuchung stehen die ausführlich im Kapitel 2 behandelten Themenbereiche Lernstile und Lernstrategien sowie die Merkmale des Lernenden. Hierbei lassen sich die in Tabelle 5 aufgeführten acht zentralen Forschungsfragen der Übersichtsgrafik den multidimensionalen Bezügen des Lernerfolgs zuordnen (siehe Abbildung 6).

| Zentrale Forschungsfragen | |
|---|---|
| 1 | Können bei den untersuchten Fernstudierenden die Lernstile von Kolb nachgewiesen werden? |
| 2 | Wie stark sind die einzelnen Typen bei den untersuchten Fernstudierenden besetzt und welche Mischformen gibt es wie häufig? Wie hoch ist der Anteil an signifikant auszuweisenden Typen? |
| 3 | Unterscheiden sich die Befragten mit klar ausgeprägten Lernstilen hinsichtlich der Studienfächer? |
| 4 | Unterscheiden sich die Befragten mit klar ausgeprägten Lernstilen hinsichtlich der Lernbiographien? |
| 5 | Welche Beziehungen bestehen zwischen Merkmalen der persönlichen Lebens- und Arbeitssituation und der Ausprägung eines Lernstils? |
| 6 | Welche Lernstrategien sind bei berufstätigen Studierenden wie stark ausgeprägt? |
| 7 | Welche Beziehungen bestehen zwischen Lernstrategien und Lernstilen? |
| 8 | Wie gut „passen" die Lernstile der Teilnehmer zu den Methoden des Fernstudiums? Welche Folgen ergeben sich aus einer guten beziehungsweise geringen „Passung" für den Lernerfolg im Fernstudium? Welche Zusammenhänge bestehen zwischen dem Lernerfolg sowie den Merkmalen der Lernenden, den Lernstilen und den Lernstrategien? |

Tabelle 5: Zentrale Forschungsfragen der quantitativen Untersuchung

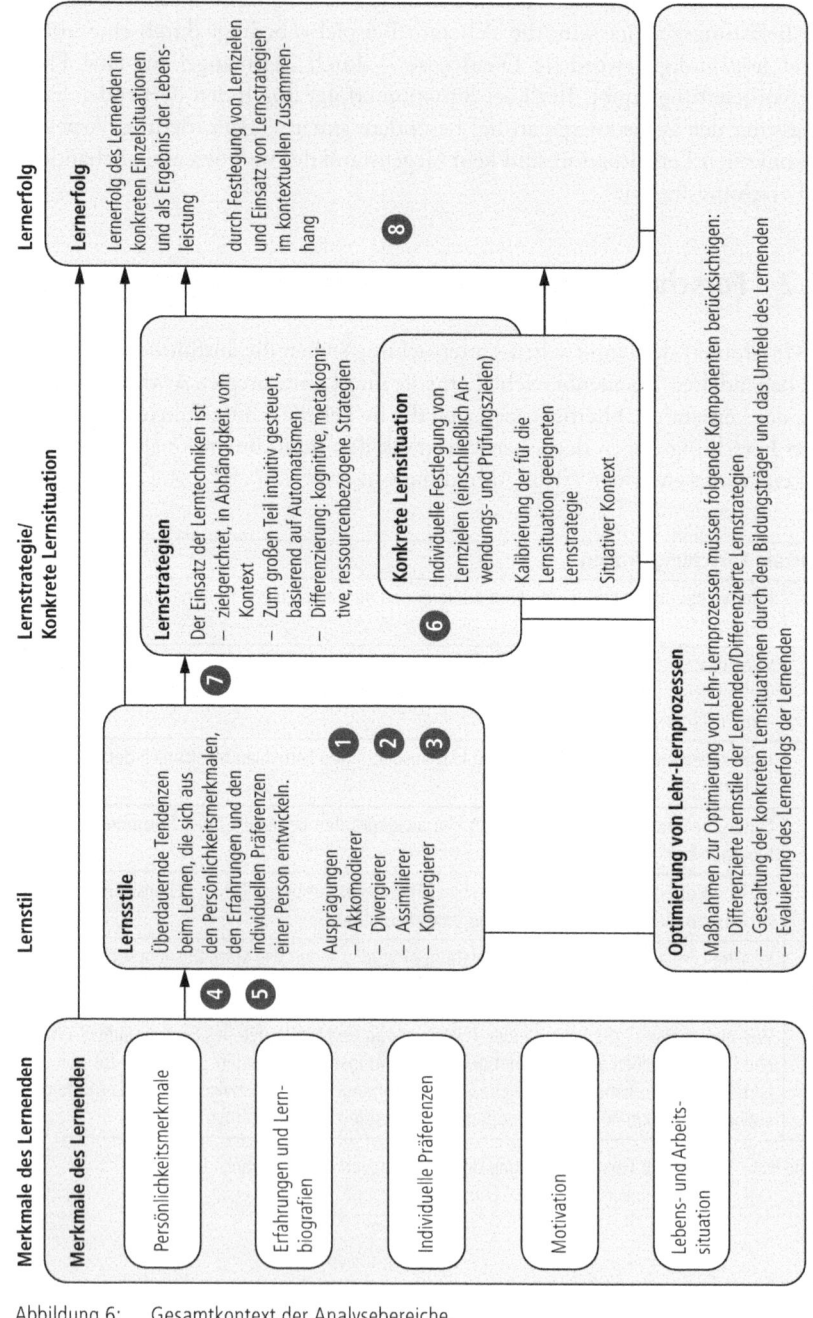

Abbildung 6: Gesamtkontext der Analysebereiche.

Lerner mit hoher Kompetenz zur Selbststeuerung und Selbstregulation können Wissen, Fertigkeiten und Kompetenzen entwickeln, die Lernen fördern und diese Fähigkeiten je nach Kontext adäquat adaptieren. Dieses Konzept basiert auf dem gesteuerten Zusammenspiel kognitiver und motivational-emotionaler Ressourcen innerhalb eines zielorientierten Lernprozesses.

Die folgende Darstellung stellt in der linken Spalte die Perspektive des Lernenden und auf der rechten Seite das in dieser Arbeit eingesetzte Instrumentarium dar.

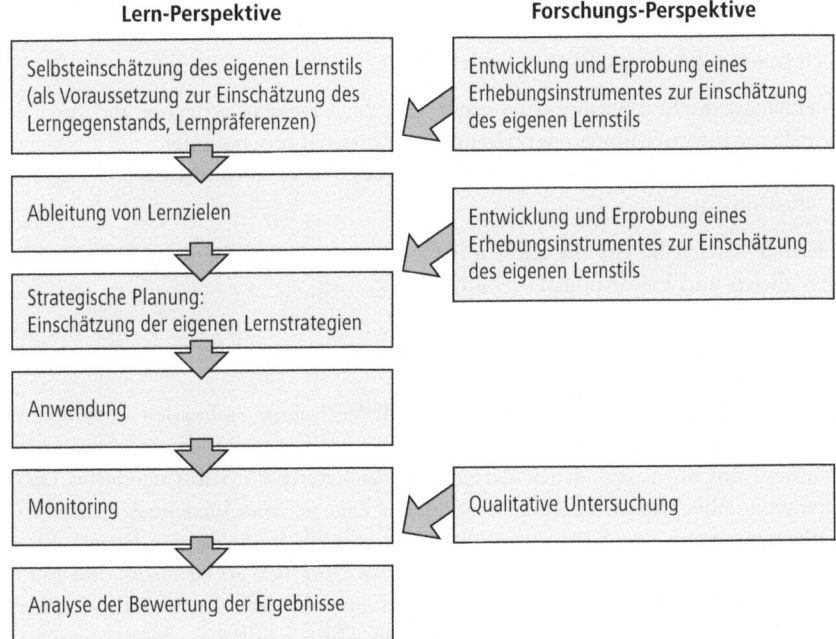

Abbildung 7: Lern-Perspektive und Forschungs-Perspektive.

**Bewusstsein für Voraussetzungen und für den eigenen Lernstil entwickeln**

Wie verschiedene Studien belegen, wirken Kenntnisse zum eigenen Lernstil deutlich motivationssteigernd und können somit die Lernleistung erhöhen.[67] Deshalb setzt das Analyse-Modell bei dem Bewusstsein um den eigenen Lernstil an. Der Lerner kann auf Basis dieses Wissens seine Lernpräferenzen, seine Stärken und Schwächen reflektieren und somit den Lernprozess zur Erarbeitung des

---

67 Vgl. Vester, F. (2014), S. 136 f.

Lerngegenstands bewusster einschätzen. Im weiteren Sinne geht es in diesem Schritt darum, die persönlichen Voraussetzungen (Lernstile, Interesse, Motivation, Lernhaltung etc.) und die der Lernumgebung beziehungsweise des Lernkontextes zu klären.

**Lernziele ableiten**

In einem nächsten Schritt kann der Lerner ausgehend von den vorherigen Überlegungen seine Lernziele ableiten. Er sollte in der Lage sein, das angestrebte Endergebnis seiner Lernhandlungen zu identifizieren. Dies geschieht in der Regel dadurch, dass der Lerner reflektiert, was sein genaues Ziel ist. Er muss sich bewusst machen und entscheiden, ob er

– zunächst die Erarbeitung eines ersten Überblickswissens erreichen möchte,
– Fakten, Informationen oder Methoden erarbeiten möchte oder
– das Bestehen einer Prüfung beziehungsweise ein bestimmtes Ergebnis erreichen möchte.

Hierbei werden bereits die Ziele mit bestimmten Lernaktivitäten, längerfristigen Zielen und Erwartungen verknüpft.

**Strategische Planung**

Nun geht es darum, festzulegen, wie die zur Verfügung stehenden Ressourcen (zum Beispiel Zeit, Labore, Material etc.) am effizientesten eingesetzt werden können, um die zuvor identifizierten Ziele zu erreichen. Selbstreguliertes Lernen setzt dabei voraus, dass der Lerner in der Lage ist, verschiedene Alternativen wahrzunehmen, aber Kenntnisse über unterschiedliche Strategien besitzt. Davon ausgehend muss er in der Lage sein, diese Optionen zu bewerten und Entscheidungen zu treffen, um somit die einzelnen zeitlichen sowie methodischen Schritte selbstständig organisieren zu können. Diese beinhalten die Berücksichtigung des Lernstils, die gesetzten Lernziele, Dauer und Ort des Lernens, Auswahl des Lernmaterials beziehungsweise der Medien und Reihenfolge des Einsatzes, Lernstrategien, Lernpartner etc.

**Anwendung**

Im folgenden Schritt kommen die intuitiven sowie geplanten Aspekte zur Anwendung. Hierbei muss der Lerner Erfahrungen sammeln, welche der oben genannten Aspekte seinen individuellen Lernprozess besonders effektiv machen. Erfolgreiche Selbstregulierer können ihre Strategien je nach Lernziel adäquat und flexibel einsetzen (zum Beispiel einen Fachartikel mit unterschiedlichen Strategien bearbeiten).

**Monitoring**

Die Selbstregulation beinhaltet vielfältige Aspekte. Für einen erfolgreichen Lernprozess ist es von erheblicher Bedeutung, kontinuierlich die eigene *Motivation* aufrechtzuerhalten. Hier müssen die eigenen Strategien und das Vorgehen auch kontinuierlich angepasst werden. Jeder Lerner geht unterschiedlich mit Schwierigkeiten beim Lernen um. Er muss individuell entscheiden, durch welche Maßnahmen er zum Beispiel seine Motivation wieder steigert, wenn er eine Lösung nicht auf Anhieb finden kann. Es ist hierbei von Bedeutung, den Lernprozess so zu gestalten, dass

– er mehr Freude macht,
– Beziehungen zur eigenen Lebenswelt hergestellt werden,
– die Bedeutung der Lerninhalte oder der Prüfung im Hinblick auf die persönlichen Ziele reflektiert werden,
– die Selbstwirksamkeit durch das Gelernte erfahrbar wird,
– Belohnungen eingesetzt werden, wenn das gesetzte Ziel erreicht wurde.

Weiterhin muss neben der Motivation auch die *Aufmerksamkeit* im Prozess kontrolliert werden. Der Lerner muss Erfahrungswerte sammeln, unter welchen Bedingungen er besonders konzentriert lernen kann und in welcher Sequenz er auf der Basis seiner Konzentrationskurve Inhalte erarbeitet. Er muss einen Lern- und Pausenrhythmus entwickeln – im Sinne von Spannung und Entspannung. Hierbei ist es von Bedeutung, auch emotionale Aspekte wie störende Gedanken und Emotionen ausblenden zu können.

Selbstregulation bedeutet auch, sich selbst immer wieder Abschnitte zu setzen und den bisherigen Weg zu hinterfragen. Es sollte hierbei auch ein Abgleich mit den zuvor gesetzten Zielen stattfinden. Der Lerner sollte reflektieren, welche Aspekte besonders hilfreich sind und welche Faktoren störend wirken. Auf Basis dieser Analyse sollten Korrekturen vorgenommen werden (zum Beispiel eine Adaptation des Lernumfelds oder die Wahl anderer Strategien etc.). Personen, die ihren Lernprozess gut regulieren können, wissen auch, wann sie Hilfe benötigen und in welcher Weise sie Unterstützung erhalten können. Dies ist ein sehr zentraler Aspekt – insbesondere unter Berücksichtigung der verschiedenen Lerntypen. Es gibt Lerner, wie zum Beispiel die Divergierer und Assimilierer, die erheblich von dem Austausch mit anderen profitieren und über die Diskussion ein erheblich tieferes Lernverständnis erreichen können.

**Analyse und Bewertung der eigenen Ergebnisse:**

Um den eigenen Lernprozess erfolgreich regulieren zu können, müssen Lernende in der Lage sein, zu reflektieren und zu bewerten, ob Lerninhalte und Lernaktivitäten adäquat sind, um gesetzte Lernziele zu erreichen. Im Selbstreflektionsprozess müssen Alternativen bewertet werden, um auf Basis der gesammelten Erfahrungen künftiges Lernen effizienter gestalten zu können.

Diese Forschungsarbeit soll anhand eines den Lernprozess unterstützenden Instrumentariums den Studierenden die Möglichkeit geben, ihren Lernstil und ihr Lernverhalten zu reflektieren. Hierdurch soll ein Beitrag zur Optimierung der Lernergebnisse geleistet werden.

Um den Studierenden eine Hilfestellung zu geben, ihren eigenen Lernstil zu erkennen, wurde das Lernstilinventar nach Kolb in Theorie und Praxis erprobt (siehe hierzu die ausführlich dokumentierten Ergebnisse im Abschnitt 2.4).

In einem zweiten Schritt wurden in enger Anlehnung an das List-Inventar die Lernstrategien der Studierenden erhoben. Die Ergebnisse der Analyse werden in Abschnitt 2.5 dokumentiert.

Um die Erhebungsergebnisse auch qualitativ zu stützen und detaillierte Informationen zur Selbsteinschätzung und zur Bewertung des Lernverhaltens durch die Studierenden auf Basis einer kurzen biographischen Reflexion zu erhalten, wurden auch qualitative Interviews durchgeführt. Die Ergebnisse finden sich in Kapitel 3.

Der vollständige Online-Fragebogen ist im Anhang aufgeführt (siehe hierzu Anhang ab Seite 111). Der Fragebogen gliedert sich in folgende Themenbereiche:

– Lernstile.
– Feedback zum Lernstil für die Befragten. In diesem Modul des Online-Fragebogens wurde den Studierenden eine persönliche Auswertung angezeigt, in der Informationen zu ihrem Lernstil auch grafisch veranschaulicht wurden (siehe hierzu die vollständige Darstellung des Erhebungsinstrumentes ab Seite 111).
– Lernstrategien.
– Persönliche Merkmale wie Motivation, Konzentration, soziales Umfeld.
– Einschätzung des persönlichen Lernerfolgs.
– Biographische Einflüsse.
– Lernpräferenzen.

## 3.2 Auswahl und Charakterisierung der Erhebungsinstrumente

### 3.2.1 Übersicht

Im Rahmen dieser Forschung ist für die Erhebung von Lernstilen das Kolbsche Inventar (in der deutschen Fassung von Haller/Nowak) und zur Erfassung der Lernstrategien der Studierenden ein Instrument in Anlehnung an das LIST-Inventar von Wild/Schiefele eingesetzt worden.

Das Lernstilinventar nach Kolb orientiert sich an der Theorie des erfahrungsgestützten Lernens. Der Ansatz von Kolb wurde ausgewählt, da er das Lernen Erwachsener (insbesondere von Personen mit Berufserfahrung) in besonderem Maße berücksichtigt. Sein Instrument und sein Lernzyklus berücksichtigen die Lernpräferenzen der Lerner sowie die Tatsache, dass der erwachsene Lerner dem persönlichen Erleben und Erfahren des Lerngegenstands eine hohe Bedeutung beimisst. Erfahrungen werden dann in einem Theorie-Praxis-Vergleich überprüft und reflektiert.[68] Dieses Modell bildet aus diesem Grund eine gute Basis für die Befragung von berufstätigen Studierenden im Fernstudium. Weiterhin ist es schon vielfach in verschiedenen Hochschulkontexten validiert worden.

Das von Wild und Schiefele 1994 konzipierte standardisierte Inventar zur Erfassung von Lernstrategien im Studium (LIST) wurde für unsere Erhebung ausgewählt, da es auf einem soliden kognitionspsychologischen Ansatz basiert und kognitive, metakognitive und ressourcenbezogene Lernstrategien erfasst. Das List-Inventar wurde zur Erfassung von Lernstrategien konstruiert, die von ihrem Charakter zwischen Lernstilen und Lerntechniken liegen und unsere Erhebung der Lernstile nach Kolb sinnvoll ergänzen. Wild/Schiefele legen bei ihrem Design ebenfalls Wert darauf, dass die 11 Skalen eindeutig den drei Strategietypen zugeordnet werden können.[69] Das LIST-Inventar ist in zahlreichen Studien eingesetzt und hat sich in Reliabilitätsanalysen gut bewährt.[70]

## 3.2.2 Lernstile

Die Items zur Ermittlung der Lernstile können dem Online-Fragebogen entnommen werden, der im Anhang aufgeführt ist (siehe hierzu Anhang ab Seite 111).

## 3.2.3 Kognitive Lernstrategien

**Organisation (5 Items)**

Die folgenden Items erfassen, wie Lernaktivitäten im Studium durchgeführt werden, um einen zu bewältigenden Stoff adäquat zu (re-)organisieren.

---

68 Vgl. Kolb, D. A. (1984), S. 21 f.
69 Das List-Inventar basiert auf der Systematisierung des MSLQ (Motivated Strategies for Learning Questionnaire der renommierten Forschergruppe um Pintrich (vgl. Pintrich et al. 1991). Im MSLQ sowie im Learning and Study Strategies Inventory (LASSI) von Weinstein et al. (1987) wird ebenfalls Wert auf die klare Trennung von motivationalen und kognitiven Aspekten gelegt.
70 Vgl. Boerner et al. (2005), S. 22 ff.

- Ich fertige Tabellen, Diagramme oder Mind-Maps an, um den Stoff zu strukturieren.
- Ich mache mir kurze Zusammenfassungen der wichtigsten Inhalte aus den Lektionen.
- Ich unterstreiche in den Lektionen oder Mitschriften die wichtigsten Stellen.
- Ich ordne den Stoff so, dass ich ihn mir gut einprägen kann.
- Ich orientiere mich an der Struktur der Lernmaterialien.

**Zusammenhänge (5 Items)**

Die folgenden Items erfassen, welche Lernaktivitäten durchgeführt werden, um durch „Inbezugsetzung" des Stoffes innerhalb eines Netzwerkes eigener Bezüge ein tieferes Verständnis zu erreichen.

- Ich versuche, Beziehungen zu den Inhalten verwandter Fächer herzustellen.
- Ich versuche in Gedanken, das Gelernte mit dem zu verbinden, was ich schon darüber weiß.
- Ich denke mir konkrete Beispiele zu bestimmten Lerninhalten aus.
- Ich beziehe das, was ich lerne, auf meine eigenen Erfahrungen.
- Ich überlege mir, ob der Lernstoff auch für mein Berufsleben von Bedeutung ist.

**Kritisches Prüfen (5 Items)**

Lernaktivitäten, die das Verständnis des Lerngegenstandes durch kritisches Hinterfragen von Begründungszusammenhängen vertiefen.

- Ich prüfe, ob die in einem Text dargestellten Theorien, Sachverhalte oder Schlussfolgerungen ausreichend belegt und begründet sind.
- Ich denke über Alternativen zu den Behauptungen oder Schlussfolgerungen in den Lerntexten nach.
- Der Stoff, den ich gerade bearbeite, dient mir als Ausgangspunkt für die Entwicklung eigener Ideen.
- Es ist für mich sehr reizvoll, widersprüchliche Aussagen aus verschiedenen Texten aufzuklären.
- Ich vergleiche die Vor- und Nachteile verschiedener theoretischer Konzeptionen.

**Wiederholen (5 Items)**

Diese Items erfassen die Lernaktivitäten, inwiefern für das Einprägen von Inhalten und Regeln repetitive Aneignungsstrategien eingesetzt werden.

- Ich lerne den Lernstoff anhand der Lektionen oder anderer Aufzeichnungen möglichst auswendig.

- Ich wiederhole den Stoff anhand der vorgegebenen Kontrollfragen.
- Ich lerne eine selbst erstellte Übersicht mit den wichtigsten Inhalten auswendig.
- Ich lese einen Text durch und versuche, ihn mir am Ende jedes Abschnitts auswendig vorzusagen.
- Ich lerne Regeln, Fachbegriffe und (gegebenenfalls) Formeln auswendig.

### 3.2.4 Ressourcenbezogene Lernstrategien

**Anstrengung (5 Items)**

Diese Items erfassen, inwieweit Anstrengungen zur Erreichung von Lernzielen in Kauf genommen werden.

- Wenn ich mir ein bestimmtes Pensum zum Lernen vorgenommen habe, setze ich alles daran, es auch zu schaffen.
- Ich gebe nicht auf, auch wenn der Stoff sehr schwierig oder komplex ist.
- Gewöhnlich dauert es lange, bis ich mich dazu entschließe, mit dem Lernen anzufangen.
- Vor der Prüfung nehme ich mir ausreichend Zeit, um den ganzen Stoff noch einmal durchzugehen.
- Ich nehme mir mehr Zeit zum Lernen als die meisten meiner Studienkollegen.

**Konzentration (3 Items)**

Diese Items erfassen, inwieweit der subjektiv wahrgenommene Grad an Aufmerksamkeit im Lernprozess erreicht wird. [Dies ist keine Lernstrategie, sondern ein indirektes Merkmal der vorliegenden Aufmerksamkeitssteuerung].

- Wenn ich lerne, bin ich leicht abzulenken.
- Beim Lernen ertappe ich mich dabei, dass ich mit meinen Gedanken ganz woanders bin.
- Meine Konzentration hält nicht lange an.

**Zeitmanagement (3 Items)**

Diese Items erfassen, inwieweit eine explizite Zeitplanung vorgenommen und eingehalten wird.

- Ich lege die Stunden, die ich pro Woche mit Lernen verbringe, durch einen Zeitplan fest.
- Ich lege bestimmt Zeiten fest, zu denen ich lerne.
- Beim Lernen halte ich mich an meinen Zeitplan.

**Lernumgebung (3 Items)**

Die Items erfassen, inwiefern eine äußere Lernumgebung geschaffen wird, um konzentriertes Arbeiten zu ermöglichen.

– Ich gestalte meine Lernumgebung so, dass ich möglichst wenig vom Lernen abgelenkt werde.
– Zum Lernen sitze ich immer am selben Platz.
– Mein Arbeitsplatz ist so gestaltet, dass ich alles schnell finden kann.

**Austausch mit Studienkollegen (3 Items)**

Die Items erfassen den Grad kollektiven Lernens beziehungsweise einseitiger Inanspruchnahme von Studienkollegen.

– Ich nehme mir Zeit, um mit Studienkollegen über den Stoff zu diskutieren.
– Ich vergleiche meine Unterlagen zur Prüfungsvorbereitung mit denen meiner Studienkollegen.
– Wenn mir etwas nicht klar ist, so frage ich einen Studienkollegen um Rat.

**Literatur (3 Items)**

Die Items erfassen den Einsatz von zusätzlicher Literatur zur Klärung und Vertiefung des Lernstoffes.

– Ich besorge mir weiterführende Literatur, wenn mir bestimmte Inhalte noch nicht ganz klar sind.
– Wenn ich einen Fachbegriff nicht verstehe, so schlage ich ihn in einem Wörterbuch nach.
– Fehlende Informationen suche ich mir aus verschiedenen Quellen zusammen (Bücher, Fachzeitschriften, Mitschriften).

### 3.2.5 Metakognitive Lernstrategien

**Zielsetzung und Planung (3 Items)**

Diese Items erfassen, inwiefern Planungsstrategien im Lernprozess insbesondere im Hinblick auf die Lernziele eingesetzt werden.

– Ich formuliere Lernziele, an denen ich dann mein Lernen ausrichte.
– Ich mache mir vor dem Lernen Gedanken, wie ich lernen will.
– Ich plane mein Vorgehen beim Lernen nicht.

**Kontrolle (4 Items)**

Diese Items erfassen, inwiefern Kontrollstrategien zur Überprüfung des persönlichen Lernfortschrittes eingesetzt werden.

- Übungsaufgaben und Lernfragen am Ende eines Kapitels überspringe ich.
- Um Wissenslücken festzustellen, rekapituliere ich die wichtigsten Inhalte, ohne meine Unterlagen zur Hilfe zu nehmen.
- Ich stelle mir Fragen zum Stoff, um zu überprüfen, ob ich alles verstanden habe.
- Ich erzähle einem Dritten die wichtigsten Inhalte des Lernstoffes, damit ich merke, wo ich Lücken habe.

**Regulation (5 Items)**

Diese Items erfassen, inwiefern Strategieänderungen im Verlauf des persönlichen Lernprozesses eingesetzt werden, wenn Dissonanzen zwischen Planung und Ergebnis festgestellt werden.

- Wenn ich merke, dass ich besser zuerst etwas anderes lernen sollte, ändere ich die Abfolge entsprechend.
- Ich lerne in der Reihenfolge, in der das Lernmaterial vorgegeben ist.
- Ich verändere meine Lernpläne, wenn ich merke, dass sie sich nicht umsetzen lassen.
- Wenn ich merke, dass mein Vorgehen beim Lernen nicht erfolgreich ist, verändere ich es.
- Wenn ich merke, dass ich etwas falsch verstanden habe, arbeite ich diesen Teil noch mal durch.

## 3.3 Charakteristika der Probandengruppe

Mittels einer Online-Befragung wurden alle Studierenden der AKAD Fachhochschulen angesprochen. Die Resonanz war außerordentlich positiv – 1.049 Studenten beteiligten sich an der Erhebung.

Detaillierte Informationen zu den Studierenden, die sich an der Erhebung beteiligt haben, sind im Anhang aufgeführt (siehe Abschnitt 6.2 auf Seite Seite 128).

Fast 55 Prozent der Befragten sind Männer. Nahezu alle Befragten sind berufstätig. 80 Prozent haben eine Vollzeitstelle, weitere 9 Prozent sind im Rahmen einer Drei-Viertel-Stelle beschäftigt.

Etwa 60 Prozent der Befragten sind zwischen 25 und 35 Jahre alt, 17 Prozent sind jünger als 25 Jahre und nur etwa 12 Prozent sind älter als 40 Jahre.

Die meisten Studierenden sind kinderlos, etwa 22 Prozent der Befragten haben Kinder.

## 3.4 Lernstile

Im Mittelpunkt dieses Abschnittes stehen Analysen zu Ausprägungen der Lernstile sowie die Betrachtung der Zusammenhänge zwischen den Merkmalen der Lernenden – hierzu gehören zum Beispiel die Lernbiographien – und den Lernzielen. Bearbeitet werden hierbei die Leitfragen 1, 2 und 3 sowie 4 und 5. Siehe hierzu Abbildung 8 auf der nachfolgenden Seite.

### 3.4.1 Ausprägungen von Lernstilen

| Zentrale Forschungsfragen | |
|---|---|
| 1 | Können bei den untersuchten Fernstudierenden die Lernstile von Kolb nachgewiesen werden? |
| 2 | Wie stark sind die einzelnen Typen bei den untersuchten Fernstudierenden besetzt und welche Mischformen gibt es wie häufig? Wie hoch ist der Anteil an signifikant auszuweisenden Typen? |
| 3 | Unterscheiden sich die Befragten mit klar ausgeprägten Lernstilen hinsichtlich der Studienfächer? |
| Eine Übersicht zu den Forschungsfragen, die im Rahmen der quantitativen Untersuchung im Mittelpunkt standen, ist im Abschnitt 3.1 auf Seite 27 aufgeführt. | |

Um signifikant einzelne Lernstile identifizieren zu können, wurden bei den Berechnungen Mischtypen ausgewiesen. Ein bipolarer Mischtyp liegt vor, wenn entweder der X-Wert oder der Y-Wert kleiner ist als 2,5. Ein zentraler Mischtyp ist dadurch gekennzeichnet, dass der Achsen-Abstand von beiden Werten kleiner ist als 2,5. Die Flächen, in denen sich Mischtypen befinden, sind in der nachfolgenden Abbildung mit Farbe hinterlegt. Im Anhang 6: Verteilung der Lernstiltypen auf Seite 136 sind die Verteilungsmuster in detaillierter Weise dokumentiert.

Fast 55 Prozent der Befragten lassen sich dem zentralen Mischtyp oder einem bipolaren Mischtyp zuordnen. Dies bedeutet, dass das Konzept der Lernstiltypen als Kontinuum zu interpretieren ist. Stark kontrastierende Typen treten nur in der Hälfte der Fälle auf, viele Befragte weisen Merkmale mehrerer Lernstiltypen auf.

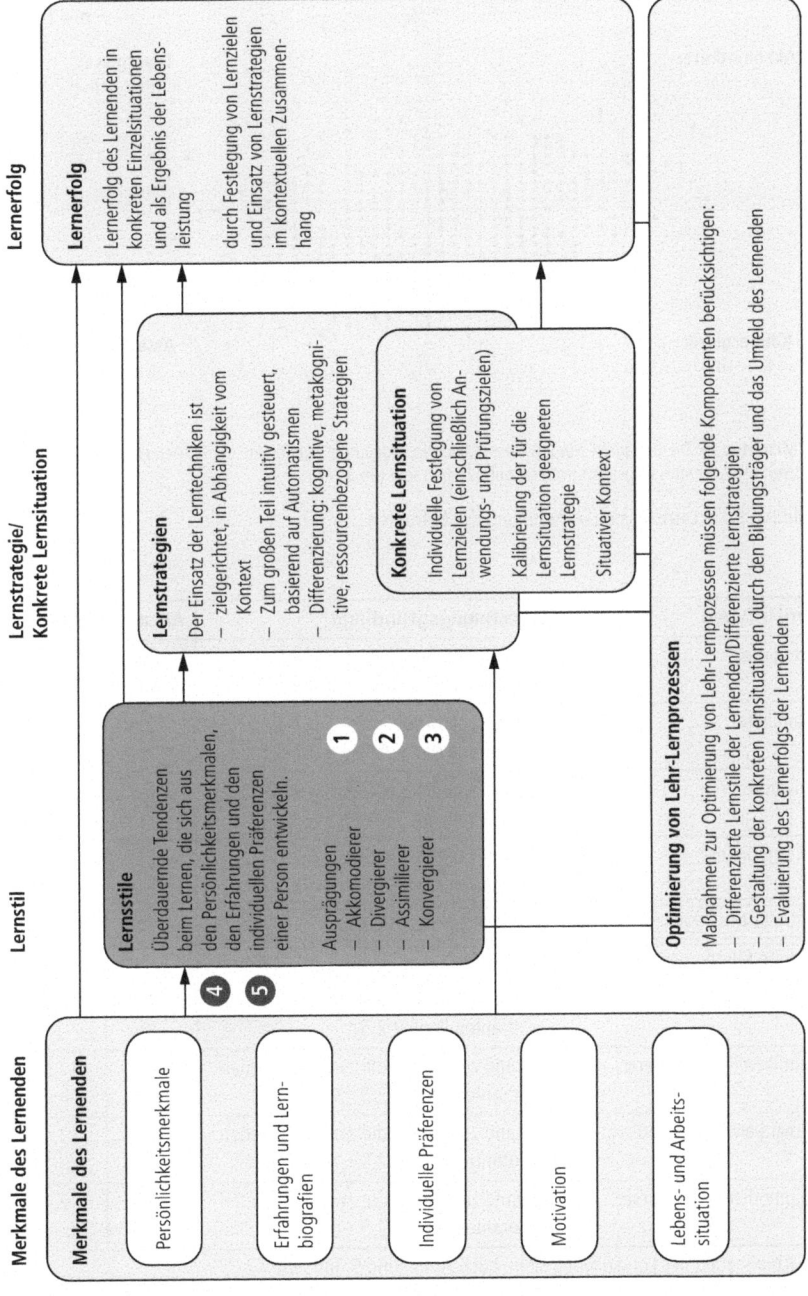

Abbildung 8: Gesamtkontext der Analysebereiche – Einordnung der Lernstile.

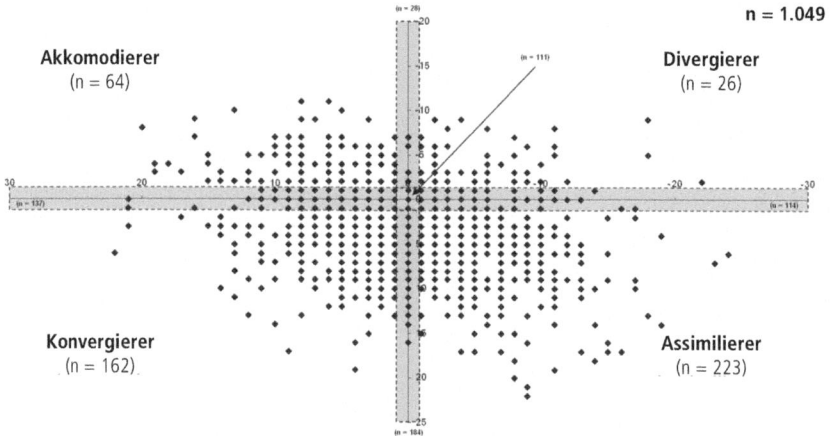

Mischtypen: Die Befragten wurden einem Mischtyp zugeordnet, wenn eine der Achsen einen kleineren Wert als 2,5 hatte. Insgesamt traf dies auf 574 Befragte (54,7 %) zu.

Abbildung 9: Lernstiltypen – Verteilung der Befragten.

| Lernstiltypen | Berechnungsgrundlage | Anzahl | Anteil |
|---|---|---|---|
| Divergierer | Abstand von der X-Achse >= 2,5<br>Abstand von der Y-Achse >= 2,5 | 26 | 2,5 |
| Assimilierer | Abstand von der X-Achse >= 2,5<br>Abstand von der Y-Achse >= 2,5 | 223 | 21,3 |
| Konvergierer | Abstand von der X-Achse >= 2,5<br>Abstand von der Y-Achse >= 2,5 | 162 | 15,4 |
| Akkomodierer | Abstand von der X-Achse >= 2,5<br>Abstand von der Y-Achse >= 2,5 | 64 | 6,1 |
| Zentraler Mischtyp | Beide Werte kleiner als 2,5 | 111 | 10,6 |
| Bipolare Mischtypen | | | |
| Divergierer/Assimilierer | Abstand zur Achse, die zwischen beiden Quadranten liegt < 2,5 | 114 | 10,9 |
| Assimilierer/Konvergierer | Abstand zur Achse, die zwischen beiden Quadranten liegt < 2,5 | 184 | 17,5 |
| Konvergierer/Akkomodierer | Abstand zur Achse, die zwischen beiden Quadranten liegt < 2,5 | 137 | 13,1 |
| Akkomodierer/Divergierer | Abstand zur Achse, die zwischen beiden Quadranten liegt < 2,5 | 28 | 2,7 |
| Zur Abgrenzung der Lernstiltypen siehe auch Abbildung 9 auf Seite 42. | | | |

Tabelle 6: Lernstiltypen – Verteilung der Befragten

Betrachtet man die signifikant ausgewiesenen Lernstiltypen genauer, so wird deutlich, dass die Assimilierer bei den Befragten mit mehr als 21 Prozent der Fälle besonders häufig auftreten. Im Vergleich hierzu: Die Divergierer machen einen Anteil von 2,5 Prozent aus, der Anteil der Akkomodierer beträgt 6,1 Prozent. Mit 15,4 Prozent sind die Konvergierer ebenfalls vergleichsweise stark vertreten.

Ordnet man den Assimilierern, den Planern, den Forschern, zusätzlich die beiden relevanten bipolaren Mischtypen (Divergierer/Assimilierer und Assimilierer/Konvergierer) zu, so ergibt sich ein Anteil dieses Lernstiltyps von 49,7 Prozent. Vor diesem Hintergrund bietet es sich an, genauer zu betrachten, welche besonderen Merkmale dieser Lernstiltyp aufweist (siehe hierzu auch Abschnitt 2.4.2).

– Reflektierendes Beobachten, kombiniert mit abstrakter Begriffsbildung.
– Stärken liegen in der Anwendung der Logik und dem Einsatz von theoretischen Modellen.
– Kurzgefasst: Das Denken steht hier gegenüber dem Fühlen deutlich im Vordergrund.
– Stark ausgeprägt sind die systematische Planung und Analyse sowie der Umgang mit abstrakten Begriffen und induktiven Schlussfolgerungen.[71]
– Fähigkeit, umfangreiche Informationsmengen aufzunehmen.
– Assimilierer lernen – mit gut strukturiertem Lernmaterial – gern allein.
– In formalen Lernsituationen bevorzugen sie Vorlesungen.[72]

Aufgrund der Affinität dieses Lernstiltyps zu abstraktem Denken, bei dem die Interaktion mit anderen Personen weniger wichtig ist, erstaunt es nicht, dass diese Gruppe unter den befragten Fernstudenten besonders stark vertreten ist.

Einen hohen Anteil weist auch die Gruppe der Konvergierer, der Spezialisten, auf. In einigen wichtigen Bereichen ähnelt deren Profil dem der Assimilierer:

– Befassen sich auch gern mit Theorien und abstrakten Modellen.
– Die praktische Anwendung der Theorien, das Ausprobieren hat einen hohen Stellenwert.
– Neigen eher zu deduktiven Schlussfolgerungen.
– Entscheidungsfreudig, wollen Ideen in der Praxis umsetzen.
– Präferieren Lernsituationen, wie zum Beispiel Simulationen.

Wie bei den Assimilierern ist den Konvergierern die soziale Interaktion weniger wichtig. Bedeutsam für diese Gruppe ist jedoch das praktische Ausprobieren, das Erzeugen konkreter Ergebnistypen. Diesen Anforderungen kann im Rahmen eines Fernstudiums zum Beispiel durch die Integration von Planspielen

---

71  Vgl. Kolb, D. A. (1984), S. 78.
72  Vgl. Kolb, D. A. (2007), S. 9.

und anwendungsorientierten Aufgabenstellungen bei Assignments entsprochen werden.

Die beiden Gruppen der Konvergierer und Assimilierer haben einen Anteil von 36,7 Prozent an allen Befragten. Fügt man die drei relevanten Mischtypen (Divergierer/Assimilierer; Assimilierer/Konvergierer und Konvergierer/Akkomodierer) hinzu, so ergibt sich ein Anteil von mehr als drei Viertel (78,2 Prozent).

Besonders selten vertreten sind Divergierer, die Kreativen, denen zwischenmenschliche Beziehungen besonders wichtig sind und die gern im Team arbeiten (siehe hierzu auch Abschnitt 2.4.2). Einen geringen Anteil weisen auch die Akkomodierer auf, die Macher. Ihnen ist die menschliche Interaktion wichtig, das aktive Experimentieren, das praktische Umsetzen.

Interessant ist eine Analyse der Verteilung Lernstiltypen nach Studienrichtungen der Befragten (siehe Abbildung 10).

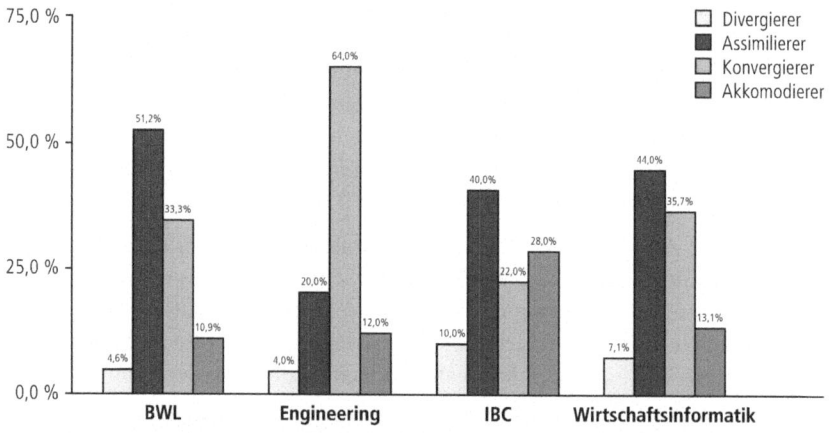

Abbildung 10: Lernstiltypen – nach Studienrichtungen.

Bei der Auswertung wurden nur die eindeutig identifizierbaren Lernstiltypen berücksichtigt (n = 475). Die vier Gruppen verteilen sich wie folgt:

– Divergierer: 5,5 Prozent
– Assimilierer: 46,9 Prozent
– Konvergierer: 34,1 Prozent
– Akkomodierer: 13,5 Prozent

Die Verteilung der BWL-Studenten im Hinblick auf die Lernstiltypen entspricht nahezu den Anteilswerten aller Studierenden (siehe Abbildung 10). Hierbei ist auch zu beachten, dass die BWL-Studenten 67 Prozent der Befragten ausmachen (siehe hierzu Anhang 6.2).

Auffällig – aber nicht erstaunlich – ist, dass bei den Studenten, die ein ingenieurwissenschaftliches Studienfach studieren, mit 64,0 Prozent die Konvergierer besonders stark vertreten sind. Das praktische Anwenden, die Umsetzung induktiver Ansätze ist dieser Gruppe besonders wichtig. Assimilierer sind dagegen bei dieser Studentengruppe unterproportional häufig vertreten. Studenten der ingenieurwissenschaftlichen Studienfächer präferieren damit keine deduktiven Modelle, ein abstraktes Vorgehen beim Lernen ist ihnen unvertraut.

Die Verteilung der Studenten der Wirtschaftsinformatik auf die vier Lernstiltypen entspricht etwa der Verteilung aller Studierenden.

Deutliche Abweichungen gegenüber den übrigen Gruppen sind jedoch bei Studenten des IBC (International Business Communication) zu verzeichnen: Hier ist der Anteil der Divergierer (10,0 Prozent – Durchschnitt 5,5 Prozent) und Akkomodierer (28,0 Prozent – Durchschnitt 13,5 Prozent) deutlich höher. Zum Ausdruck kommt hier der Wunsch nach sozialen Lernsituationen. Diese Studierenden wünschen in stärkerem Maße die Interaktion im Team.

## 3.4.2 Lernbiographien und Lernstil

| Zentrale Forschungsfragen | |
|---|---|
| 4 | Unterscheiden sich die Befragten mit klar ausgeprägten Lernstilen hinsichtlich der Lernbiographien? |
| Eine Übersicht zu den Forschungsfragen, die im Rahmen der quantitativen Untersuchung im Mittelpunkt standen, ist im Abschnitt 3.1 auf Seite 27 aufgeführt. | |

Differenziert nach den Lebensphasen Kindheit, Jugend, Erwachsenenalter wurden die Studierenden befragt, wie häufig sie die folgenden 5 Tätigkeiten ausgeübt haben:

– Lesen
– Basteln, bauen, experimentieren, handarbeiten
– Malen und musizieren
– Logisch-abstrakt denken, Probleme lösen
– Gespräche und Diskussionen führen
– Selbst Neues ausprobieren und austüfteln

Die Häufigkeit war auf einer fünfstufigen Skala (1 = nie; 5 = oft) anzugeben.

In der folgenden Abbildung sind für alle Teilnehmer die Ergebnisse für die drei Phasen „Kindheit", „Jugend" und „Erwachsenenalter" aufgeführt. Die hierbei auftretenden Trends werden auch durch die Detailanalysen bestätigt, die auf den nachfolgenden Seiten aufgeführt sind. Diese Detailanalysen beziehen sich nur auf die Lernstiltypen, die sich signifikant abgrenzen lassen (siehe hierzu Abschnitt 3.4.2).

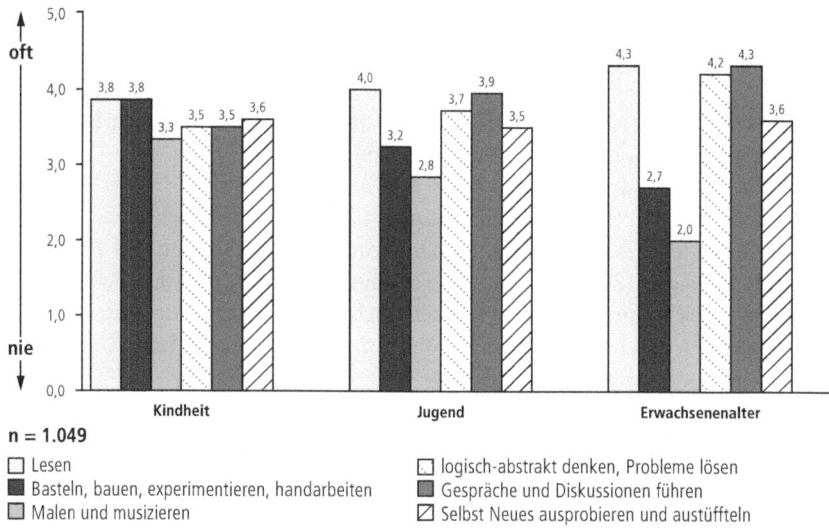

Abbildung 11: Beschäftigungen nach Lebensphasen – alle Teilnehmer.

**Lesen.** In drei von vier Gruppen nimmt die Bedeutung des Lesens über die drei Lebensphasen leicht zu. Divergierer, bei denen gemäß Kolb das Fühlen und Wahrnehmen von konkreten Erfahrungen im Vordergrund steht, lesen im Erwachsenenalter etwas weniger häufig als die drei anderen Gruppen.

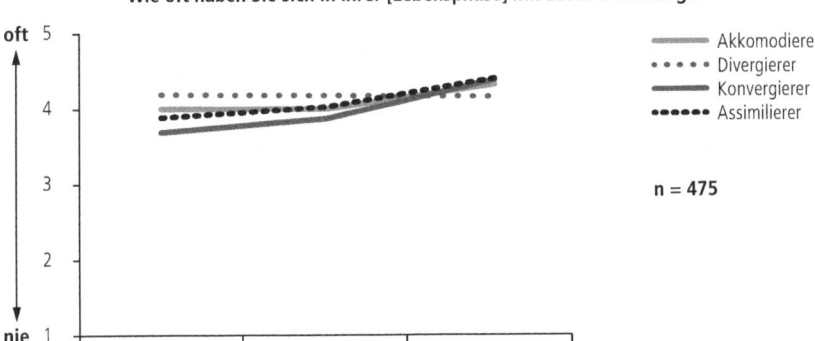

Abbildung 12: Lernbiographien – Lesen.

**Basteln, Bauen, Experimentieren, Handarbeiten.** Bei den befragten Studierenden nahm – unabhängig von der Zuordnung zu einem Lerntyp – die Bedeutung der Tätigkeiten Basteln, Bauen, Experimentieren, Handarbeiten kontinuierlich von Lebensphase zu Lebensphase ab. Zu beachten ist hierbei, dass etwa 60 Prozent der Befragten zwischen 25 und 35 Jahre alt sind, 17 Prozent sind jünger als 25 Jahre und nur etwa 12 Prozent sind älter als 40 Jahre. Detaillierte Informationen zu den Studierenden, die sich an der Erhebung beteiligt haben, sind im Anhang aufgeführt (siehe Anhang 6.2).

Erwartungsgemäß hat für Konvergierer diese Tätigkeit die größte Bedeutung (siehe Abbildung 13).

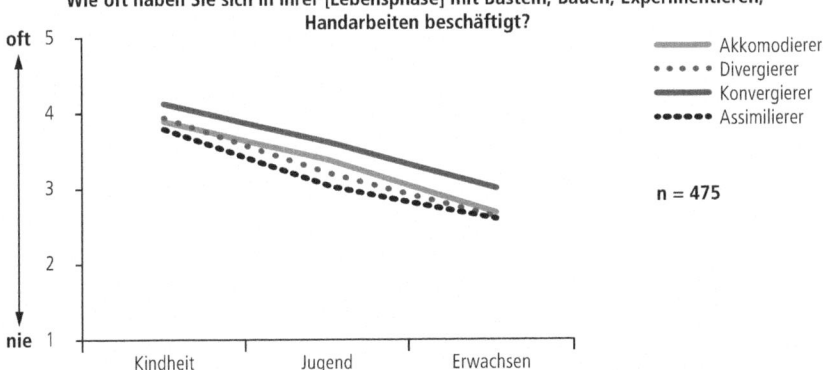

Abbildung 13: Lernbiographien – Basteln, Bauen, Experimentieren.

**Malen und Musizieren.** Auch diese Gruppe von Tätigkeiten verliert von Lebensphase zu Lebensphase an Bedeutung. Signifikante Unterschiede zwischen den vier Lernstiltypen treten nicht auf.

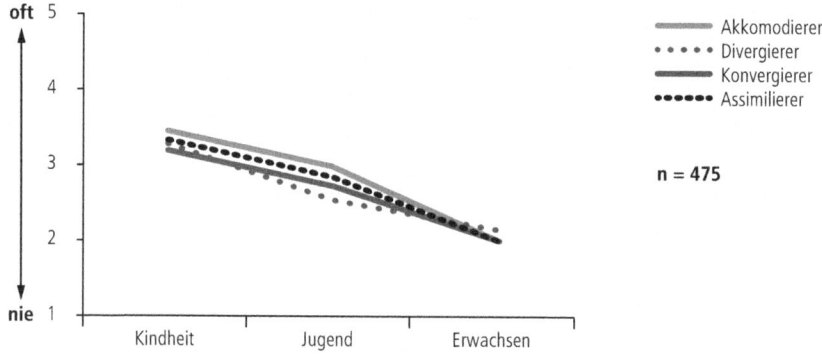

Abbildung 14: Lernbiographien – Malen und Musizieren.

**Logisch-abstraktes Denken, Probleme lösen.** Mit zunehmendem Lebensalter gewinnt für alle vier Gruppen das logisch-abstrakte Problemlösen an Bedeutung. Auch hier bestätigen sich die Einschätzungen von Kolb, wonach diese Vorgehensweise insbesondere bei Konvergierern und Assimilierern ausgeprägt ist (siehe Abbildung 15).

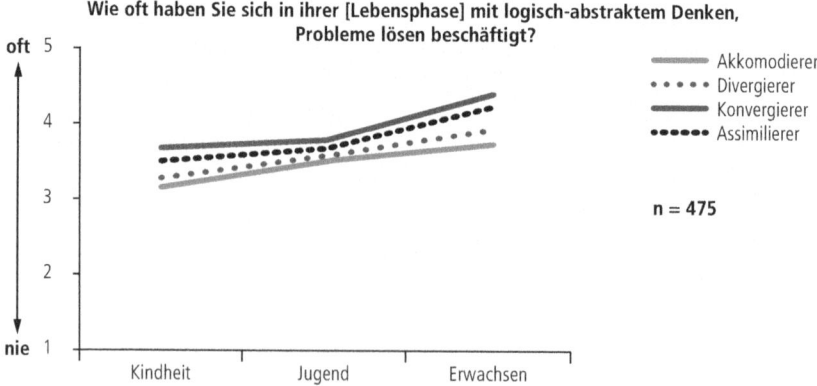

Abbildung 15: Lernbiographien – Logisch-abstraktes Denken, Probleme lösen.

**Gespräche und Diskussionen.** Hier wäre zu erwarten gewesen, dass die Gespräche und Diskussionen für Divergierer und Akkomodierer wichtiger sind als für die anderen beiden Gruppen. Stattdessen führen Konvergierer diese Tätigkeiten besonders häufig aus. Hier wäre es hilfreich, zu analysieren, in welchen konkreten beruflichen Umfeldern die Befragten tätig sind, da spezifische berufliche Anforderungen Effekte auf die erhobenen Variablen haben können. Durch dieses Vorgehen könnte jedoch nicht erklärt werden, warum Gespräche und Diskussionen für Konvergierer bereits in der Kindheit und Jugend eine relativ große Bedeutung haben.

Im Laufe des Lebens nimmt die Bedeutung der Tätigkeiten „Gespräche und Diskussionen" für alle vier Gruppen zu.

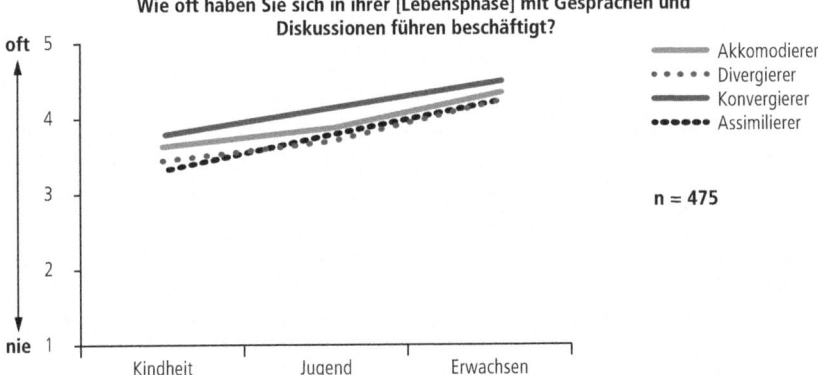

Abbildung 16: Lernbiographien – Gespräche und Diskussionen.

**Neues Ausprobieren und Tüfteln.** Bezüglich dieses Merkmals treten keine großen Differenzen zwischen den Gruppen auf. Auffallend – und durchaus übereinstimmend mit Kolb – sind diese Tätigkeiten für Konvergierer und Akkomodierer in allen Lebensphasen etwas wichtiger als für die beiden anderen Gruppen.

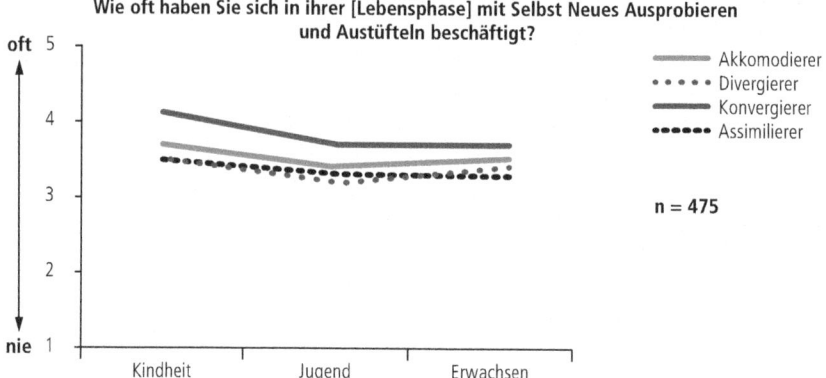

Abbildung 17: Lernbiographien – Neues Ausprobieren und Tüfteln.

Analysiert man die Häufigkeit der ausgeübten Tätigkeiten mit Hilfe von Indexwerten, so zeigt auch diese Betrachtungsperspektive, dass die Unterschiede zwischen den Lebensphasen bedeutsamer sind als die Differenzen zwischen den vier Gruppen. In der folgenden Tabelle wurde den Werten für die Kindheit der Basiswert 100 zugeordnet und dann der Indexwert für die Lebensphase „Erwachsen" berechnet.

Für fünf der sechs Tätigkeitsgruppen ist für alle vier Lernstiltypen über die drei Lebensphasen hinweg eine gleichgerichtete Entwicklung mit nahezu gleichen Ausprägungen zu verzeichnen. Abweichend hiervon ist lediglich die Tätigkeit Lesen: Der Indexwert für Divergierer (Indexwert 100) liegt deutlich unter dem der übrigen drei Gruppen. Einen besonders starken Anstieg im Vergleich zum Lesen während der Kindheit weisen Konvergierer auf (Indexwert 118).

|  | Diver- gierer | Assimi- lierer | Konver- gierer | Akkomo- dierer |
|---|---|---|---|---|
| Lesen | 100 | 111 | 118 | 108 |
| Basteln, bauen, experimentieren, handarbeiten | 66 | 68 | 72 | 68 |
| Malen und musizieren | 65 | 60 | 61 | 58 |
| Logisch-abstrakt denken, Probleme lösen | 119 | 121 | 120 | 119 |
| Gespräche und Diskussionen führen | 123 | 126 | 118 | 120 |
| Selbst Neues ausprobieren und austüfteln | 101 | 97 | 96 | 98 |

n = 475

Frageformulierung: Wie oft haben Sie sich in einer Lebensphase so beschäftigt (Mittel über die gemittelten Items)?
Indexwert in Prozent für die Lebensphase „Erwachsen" in Relation zum Basiswert 100 für die Lebensphase „Kindheit".

Tabelle 7: Lernbiographien – Häufigkeit der Tätigkeiten auf Basis von Indexwerten

## 3.4.3 Merkmale des Lernenden und Lernstil

| Zentrale Forschungsfragen | |
|---|---|
| 5 | Welche Beziehungen bestehen zwischen Merkmalen der persönlichen Lebens- und Arbeitssituation und der Ausprägung eines Lernstils? |
| Eine Übersicht zu den Forschungsfragen, die im Rahmen der quantitativen Untersuchung im Mittelpunkt standen, ist im Abschnitt 3.1 auf Seite 27 aufgeführt. | |

In der Online-Erhebung wurden folgende Merkmale der Lernenden erhoben:
– Geschlecht
– Alter
– Familienstand
– Umfang der Berufstätigkeit
– Studienrichtung
– Höchster Bildungsabschluss
– Höchster Bildungsabschluss von Vater und Mutter

Erfragt wurden zudem Ausprägungen zu den Dimensionen Motivation, Konzentration und soziales Umfeld. Diese Dimensionen wurden mit folgenden Items gemessen (siehe auch den vollständigen Fragebogen im Anhang auf Seite 111):

| Dimensionen | Items |
|---|---|
| Motivation | Im Vergleich zu meinen Mit-Studierenden bin ich höher motiviert. |
| | Was ich im Studium erreichen will, das schaffe ich auch. |
| | Ich will mein Studium unbedingt schaffen und mache alles, was nötig ist. |
| Konzentration | Wenn ich lerne, lasse ich mich nicht so leicht ablenken. |
| | Beim Lernen bin ich konzentriert bei der Sache – meine Gedanken schweifen nicht so leicht ab. |
| | Ich kann mich langanhaltend auf eine Sache konzentrieren. |
| Soziales Umfeld | Meine Freunde und meine Familie finden es gut, dass ich ein Studium mache. |
| | Meine Freunde und meine Familie haben Verständnis dafür, dass ich oft und viel lernen muss. |
| | Meine Freunde und meine Familie unterstützen und motivieren mich bei meinem Studium. |
| Auf einer siebenstufigen Skala von „Stimme gar nicht zu" bis „Stimme vollkommen zu" war der Grad der Zustimmung zu der Aussage anzugeben. | |

Tabelle 8: Items zur Messung von Motivation, Konzentration und sozialem Umfeld

Im Folgenden wird aufgezeigt, welche Ausprägungen die vier Lernstiltypen im Hinblick auf Motivation, Konzentration und sozialem Umfeld aufweisen. Kausalitäten lassen sich aus dieser Darstellung nicht ableiten.

## Alle Studierenden

Die Gesamtheit der Studierenden weist den Aussagen zum sozialen Umfeld (5,7 auf einer siebenstufigen Skala) positivere Werte zu als der Motivation (5,3) und der Konzentration (4,5).

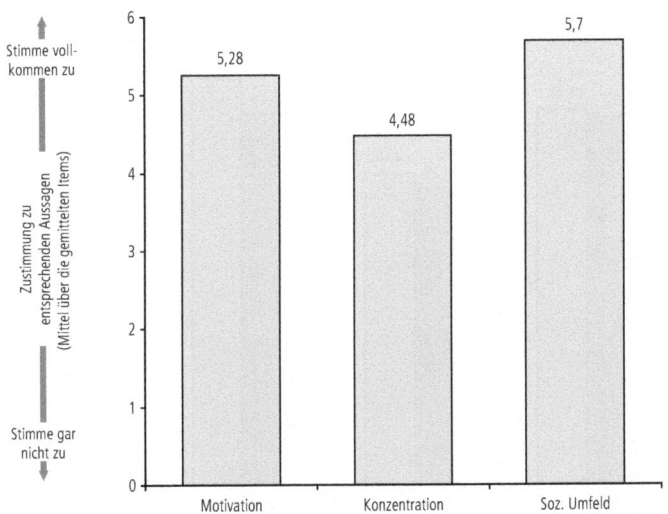

Abbildung 18: Alle Studierenden: Motivation, Konzentration und Umfeld.

## Divergierer

Bezüglich aller drei Dimensionen kommt die Gruppe der Divergierer zu kritischeren Einschätzungen als der Durchschnitt der Studierenden. Besonders große negative Abweichungen treten im Hinblick auf das soziale Umfeld auf (5,2 anstelle 5,7).

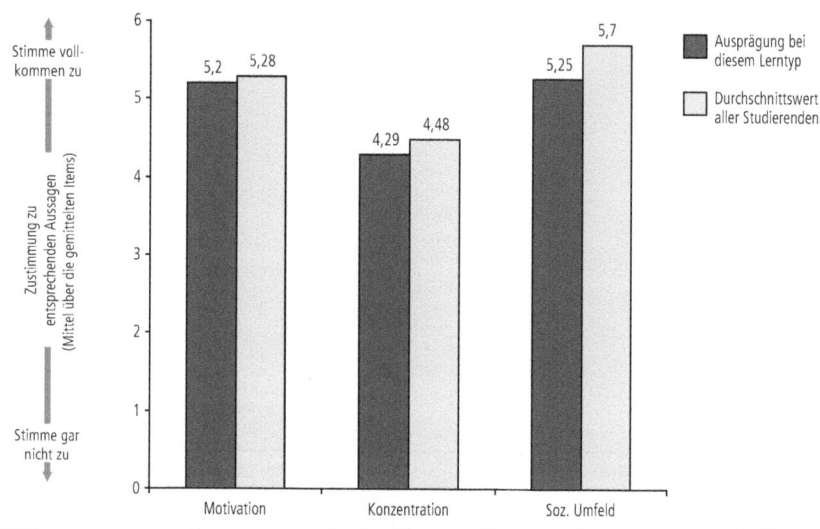

Abbildung 19: Divergierer: Motivation, Konzentration und Umfeld.

## Assimilierer

Diese Gruppe zeichnet sich im Vergleich zu den übrigen Studierenden durch sehr gute Werte für den Bereich „Konzentration" aus. Die übrigen beiden Werte entsprechen etwa den Durchschnittswerten.

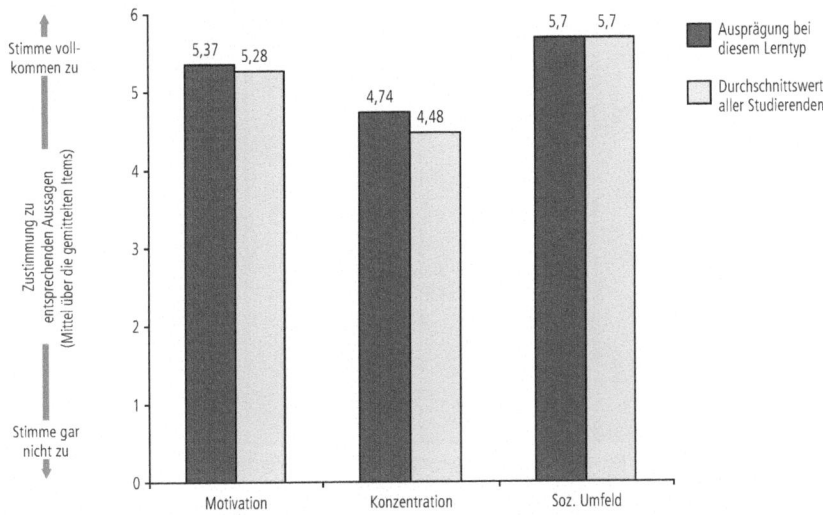

Abbildung 20:   Assimilierer: Motivation, Konzentration und Umfeld.

**Konvergierer**

In allen drei Bereichen weisen die Konvergierer überdurchschnittliche Werte auf.

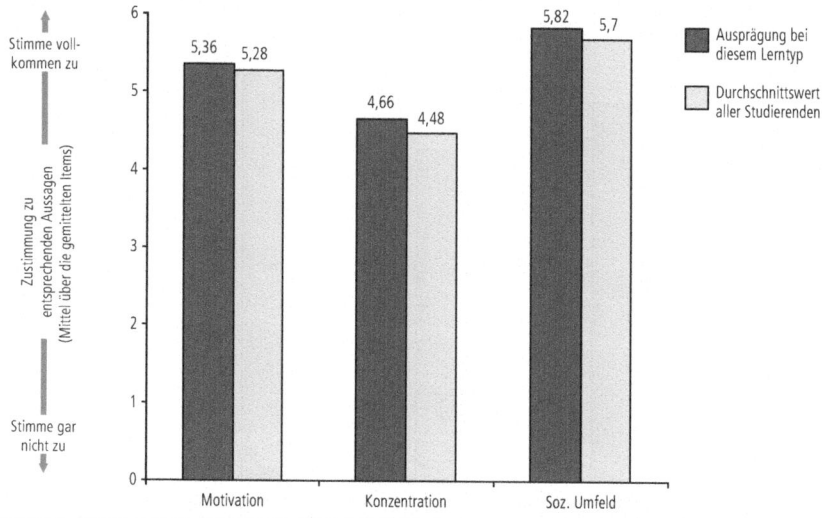

Abbildung 21: Konvergierer: Motivation, Konzentration und Umfeld.

## Akkomodierer

Die Gruppe der Akkomodierer bewertet die Items zur Motivation, zur Konzentration und zum sozialen Umfeld deutlich schlechter als der Durchschnitt der Befragten.

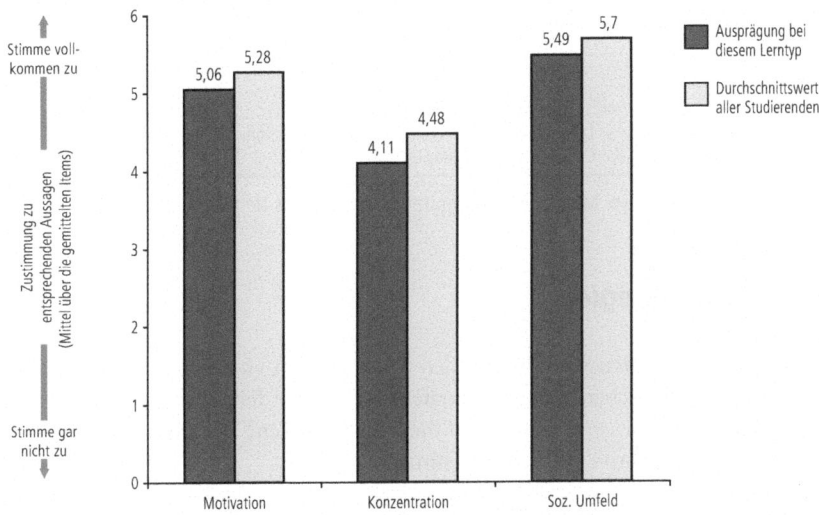

Abbildung 22: Akkomodierer: Motivation, Konzentration und Umfeld.

Die Zusammenhänge zwischen Lernstiltyp und den Dimensionen Motivation, Konzentration und soziales Umfeld sind zusammenfassend in der folgenden Tabelle aufgeführt. Divergierer, Assimilierer und Konvergierer weisen eine vergleichbare starke Motivation auf. Im Hinblick auf Konzentration und soziales Umfeld treten bei den Divergierern schlechtere Werte auf als im Durchschnitt aller Studierenden. Akkomodierer verzeichnen in allen drei Bereichen unterdurchschnittliche Werte. Konvergierer weisen sehr gute Werte im Hinblick auf die Konzentration und das soziale Umfeld auf.

| Relative Ausprägungen der Werte für einzelne Lernstiltypen | | | | |
|---|---|---|---|---|
| | Divergierer | Assimilierer | Konvergierer | Akkomodierer |
| Motivation | → | → | → | ↓ |
| Konzentration | ↓ | ↑ | ↑ | ↓ |
| Soziales Umfeld | ↓ | → | ↑ | ↓ |
| N = 475 | | | | |
| Legende:<br>↑ Überdurchschnittlich: Wert > Durchschnitt plus 0,1<br>→ Durchschnittlich: Wert <= Durchschnitt plus 0,1 und Wert >= Durchschnitt minus 1<br>↓ Unterdurchschnittlich: Wert < Durchschnitt minus 0,1 | | | | |

Tabelle 9: Lernstiltyp, Motivation, Konzentration und soziales Umfeld

## 3.5 Lernstrategien

Welche Lernstrategien werden von den Studierenden eingesetzt? Bestehen Zusammenhänge zwischen den Merkmalen der Lernenden und den Lernstrategien? Haben die Lernstile Effekte auf die Lernstrategien? Dieses sind die zentralen Analyse-Perspektiven dieses Abschnitts.

Quantitative Untersuchung: Lernstile und Lernstrategien berufstätiger Studierender 59

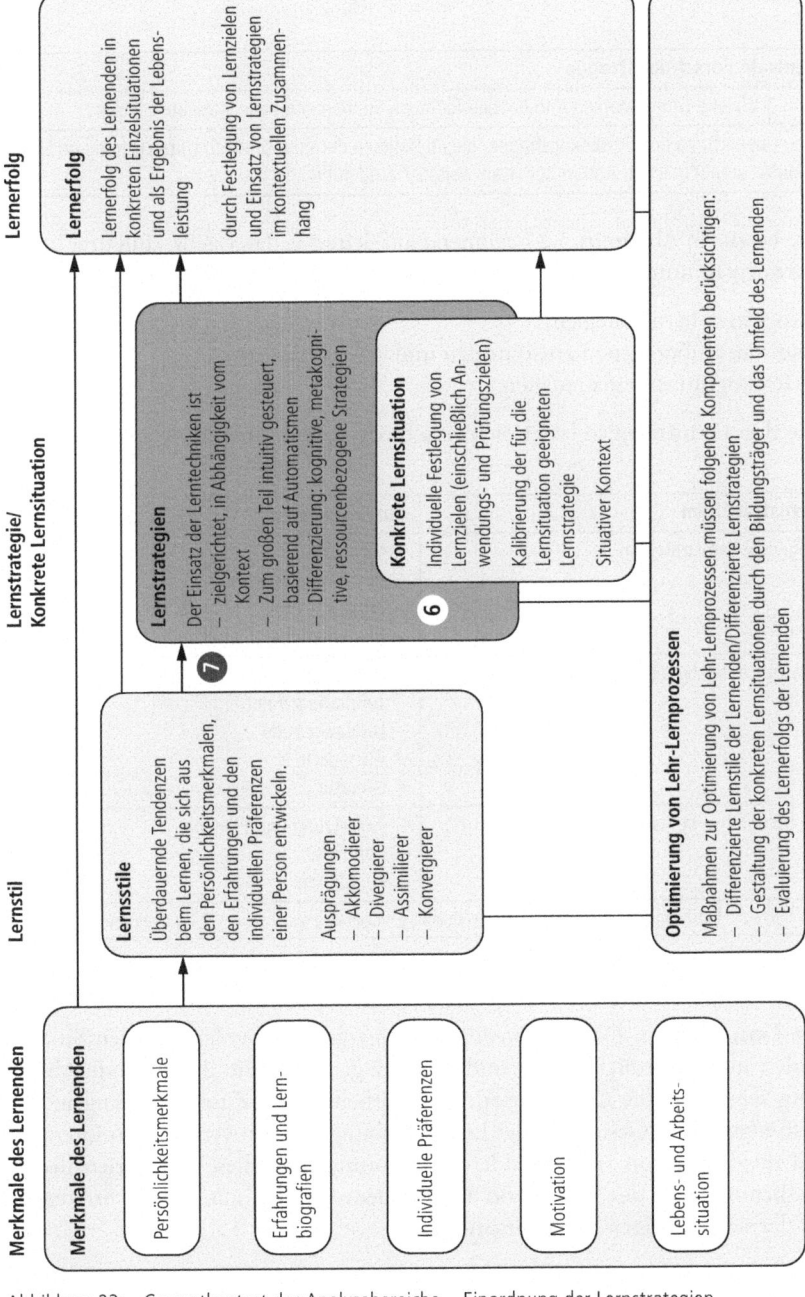

Abbildung 23: Gesamtkontext der Analysebereiche – Einordnung der Lernstrategien.

## 3.5.1 Ausprägung von Lernstrategien

| Zentrale Forschungsfragen |  |
|---|---|
| 6 | Welche Lernstrategien sind bei berufstätigen Studierenden wie stark ausgeprägt? |
| Eine Übersicht zu den Forschungsfragen, die im Rahmen der quantitativen Untersuchung im Mittelpunkt standen, ist im Abschnitt 3.1 auf Seite 27 aufgeführt. ||

Wie bereits in Abschnitt 3.2 beginnend auf Seite 34, dargestellt, sind drei Lernstrategien zu unterscheiden:

– Kognitive Lernstrategien,
– Ressourcenbezogene Lernstrategien und
– Metakognitive Lernstrategien.

Den drei Lernstrategien lassen sich verschiedene Einzelmerkmale zuordnen:

| Lernstrategien | Ausprägungen |
|---|---|
| Kognitive Lernstrategien | – Organisation<br>– Zusammenhänge<br>– Kritisches Prüfen<br>– Wiederholung |
| Ressourcenbezogene Lernstrategien | – Anstrengung<br>– Zeitmanagement<br>– Lernumgebung<br>– Austausch<br>– Literatur |
| Metakognitive Lernstrategien | – Zielsetzung und Planung<br>– Kontrolle<br>– Regulation |
| Die Items zur Messung der Lernstrategien sind vollständig im Anhang im Abschnitt 6.1 aufgeführt. ||

Tabelle 10: Lernstrategien – Arten und Ausprägungen

**Alle Lernstiltypen.** Die verschiedenen Lernstrategien werden von den Studierenden unterschiedlich häufig und intensiv genutzt. Wie die folgende Abbildung zeigt, sind die Organisation, das Erarbeiten von Zusammenhängen, die Anstrengung, die Gestaltung der Lernumgebung, die Auswertung von Literatur und die Regulation von besonderer Bedeutung. Alle diese Kategorien liegen deutlich oberhalb des Wertes von 4,6, der dem Durchschnitt für alle Strategien auf der siebenstufigen Skala entspricht.

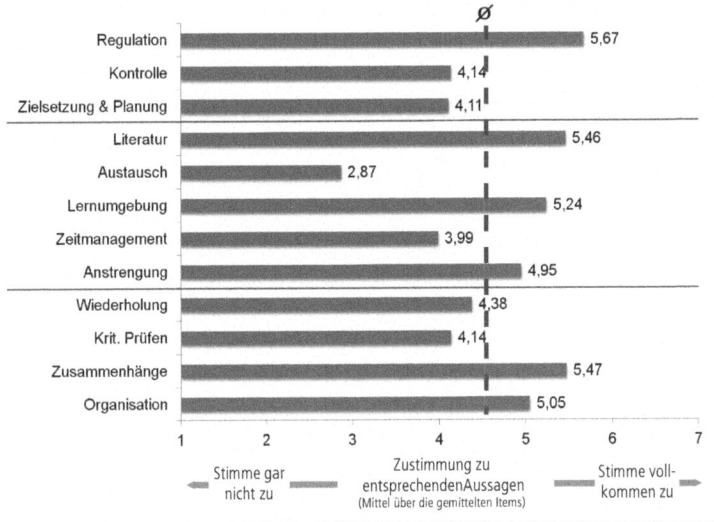

Abbildung 24: Einsatz von Lernstrategien – alle Lernstiltypen.

Betrachtet man dieses Ergebnis auf der Ebene von einzelnen Items, so ist der Alltag vieler Fernstudenten durch folgende Lernstrategien geprägt:

– **Organisation.** Wichtige Tätigkeiten sind hierbei das Verfassen von Zusammenfassungen, das Anfertigen von Tabellen und Diagrammen zur Ordnung des Lernstoffes und das Unterstreichen wichtiger Passagen in den Lehrbüchern.
– **Zusammenhänge.** Hier werden Beziehungen hergestellt zum beruflichen Alltag sowie zu bereits erlernten Themenbereichen.
– **Anstrengung.** Die Studierenden verfolgen gesetzte Ziele hartnäckig und planen genügend Zeit für das Lernen ein.
– **Lernumgebung.** Den Studierenden ist ein ruhiger Arbeitsplatz wichtig, an dem sie nicht vom Lernen abgelenkt werden.
– **Literatur.** Zur Literaturarbeit zählen ergänzende Internetrecherchen sowie die Auswertung weiterer Quellen, wenn einzelne Zusammenhänge nicht sofort verstanden wurden.
– **Regulation.** Die Studenten gehen mit der durch die Studienpläne vorgegebenen Reihenfolge der Bearbeitung der Module kritisch um – eigene Lernpläne werden entwickelt. Auch das Wiederholen bereits gelernter Inhalte fällt unter diese Rubrik.

Erwartungsgemäß wird der Austausch mit anderen Studierenden mit einem Wert von 2,87 nur als nachrangige Lernstrategie genannt. Erstaunlich ist jedoch die relativ geringe Bedeutung des Zeitmanagements (3,99). Unter diese Position fällt insbesondere die feste zeitliche Planung von Zeiten, an denen der Studierende regelmäßig lernt. Eine Erklärung für diesen Wert könnte sein, dass der Berufsalltag von den Studierenden ein hohes Maß an zeitlicher Flexibilität erfordert, sodass feste Lernzeiten nicht immer eingeplant werden können.

## 3.5.2 Lernstrategien und Lernstiltyp

| Zentrale Forschungsfragen | |
|---|---|
| 7 | Welche Beziehungen bestehen zwischen Lernstrategien und Lernstilen? |
| Eine Übersicht zu den Forschungsfragen, die im Rahmen der quantitativen Untersuchung im Mittelpunkt standen, ist im Abschnitt 3.1 auf Seite 27 aufgeführt. | |

### Divergierer

Die von Divergierern eingesetzten Lernstrategien weichen signifikant von den Durchschnittswerten ab. Der Austausch ist für diese Gruppe deutlich wichtiger als für die Gesamtgruppe. Dagegen weisen gleich sechs Kategorien deutlich geringere Werte auf als bei der Gesamtheit der Studierenden. Dieses betrifft die Kontrolle, die Zielsetzung und Planung, die Literaturarbeit, das kritische Prüfen, das Erarbeiten von Zusammenhängen und die Organisation. Bei der Interpretation dieser Ergebnisse ist zu berücksichtigen, dass mit n=26 die Gruppe der signifikant abgegrenzten Divergierer sehr klein ist.

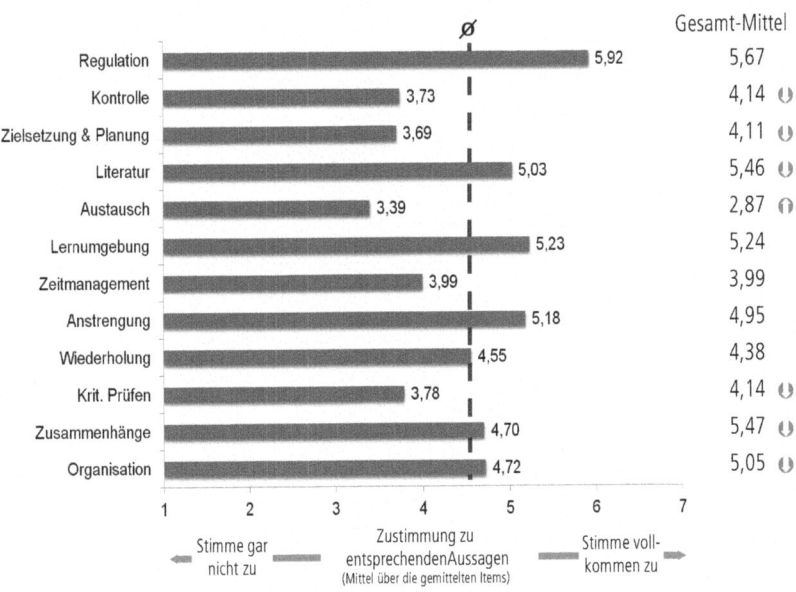

n = 26. Der Durchschnittswert über alle Kategorien für alle Lernstiltypen beträgt 4,6. Abweichungen von mehr als 0,3 Punkten vom Durchschnittswert aller Studierenden sind mit einem Pfeil gekennzeichnet.

Abbildung 25: Einsatz von Lernstrategien – Divergierer.

## Assimilierer

Diese Gruppe weist in vielen Bereichen durchschnittliche Werte auf. Starke Abweichungen ergeben sich nur in zwei Bereichen: Der Austausch mit Mitstudierenden ist seltener als bei anderen Gruppen und Zielsetzungen und Planung sind Assimilierern besonders wichtig.

Wie bereits dargestellt, haben Assimilierer ein starkes Interesse an der abstrakten Gestaltung von Ideen und Konzepten – die Zusammenarbeit mit anderen ist für sie weniger wichtig. Folgerichtig weist die Kategorie Austausch für diese Gruppe relativ schwache Werte auf.

Die Stärke dieser Gruppe im Hinblick auf Logik und den Einsatz von Modellen führt offensichtlich auch zu einem größeren Interesse an der Planung eigener Arbeitsabläufe.

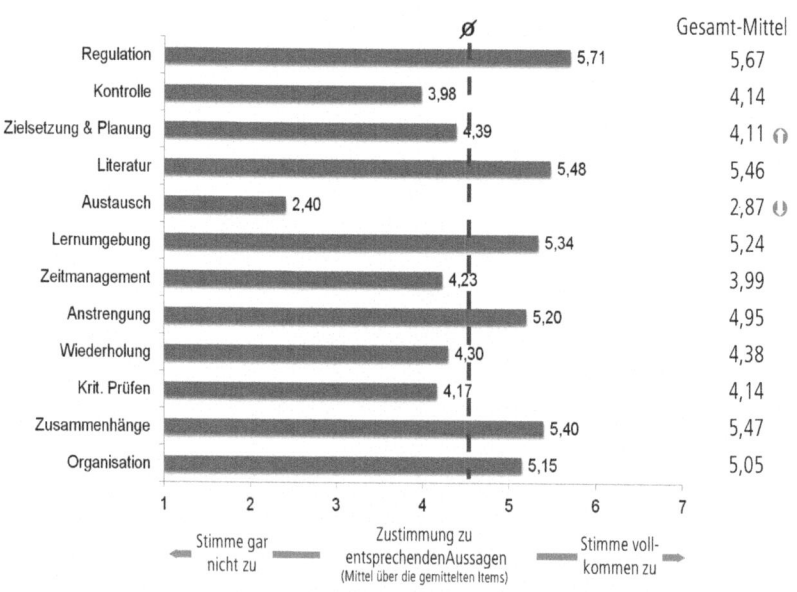

Abbildung 26: Einsatz von Lernstrategien – Assimilierer.

## Konvergierer

Im Bereich der kognitiven Lernstrategien weist diese Gruppe zwei wichtige Abweichungen von der Gesamtheit aller Studierenden auf: Die Werte für das kritische Prüfen und für die Erarbeitung von Zusammenhängen liegen deutlich über dem Durchschnitt.

Die Interpretation dieses Ergebnisses fällt leicht, wenn man die Charakteristika der Konvergierer betrachtet. Diese Gruppe ist gekennzeichnet durch den Wunsch, durch aktives Experimentieren Einfluss auf Menschen und Situationen zu nehmen. Die Gruppe ist gekennzeichnet durch Handlungsorientierung und Entscheidungsfreude. Das kritische Hinterfragen und die eigenständige Darstellung von Zusammenhängen sind hierfür wichtige Voraussetzungen.

Die übrigen Ausprägungen weichen nur gering von den Durchschnittswerten ab.

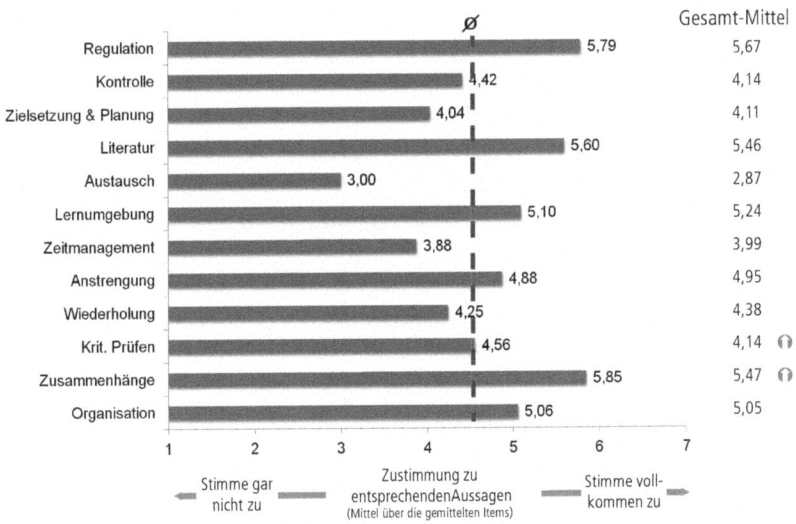

Abbildung 27: Einsatz von Lernstrategien – Konvergierer.

## Akkomodierer

Den Akkomodierern ist ebenso wie den Divergierern der Austausch mit anderen Studierenden wichtiger als dem Durchschnitt der Studenten. Dagegen ergeben sich für die Gruppe gleich in vier Bereichen signifikante negative Abweichungen vom Durchschnitt: Zielsetzung und Planung, Lernumgebung, Zeitmanagement und Anstrengung.

Die von Kolb erkannte Bedeutung des intuitiven Handels für diese Gruppe erscheint durch diese empirischen Ergebnisse bestätigt, da Lernstrategien zur Ordnung des Lernens (Zielsetzung, Planung, Lernumgebung, Zeit) seltener eingesetzt werden.

Der Stellenwert der menschlichen Interaktion für Akkomodierer kommt in der positiven Abweichung der Werte für die Kategorie „Austausch" zum Ausdruck.

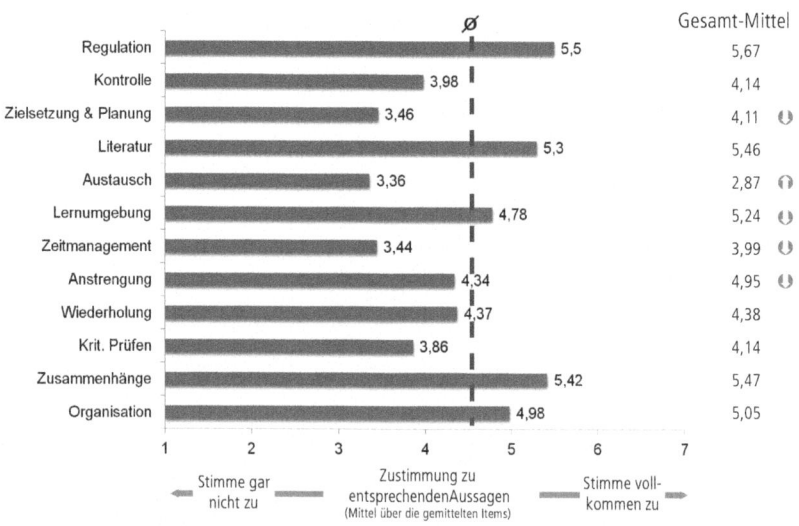

Abbildung 28: Einsatz von Lernstrategien – Akkomodierer.

## 3.6 Lernerfolg

Welche Beziehungen bestehen zwischen Lernstilen, Lernstrategien und dem Lernerfolg? Welche Effekte haben die Merkmale der Lernenden? Diese und weitere Fragen werden in diesem Abschnitt behandelt. Zum Abschluss werden mit einer Faktorenanalyse signifikante Zusammenhänge zwischen dem Einsatz von Lernstrategien und dem Lernerfolg aufgezeigt. Zur Einordnung der Forschungsfragen in den Gesamtkontext der Analysebereiche siehe die Abbildung auf der nachfolgenden Seite.

| Zentrale Forschungsfragen | |
|---|---|
| 8 | Wie gut „passen" die Lernstile der Teilnehmer zu den Methoden des Fernstudiums? Welche Folgen ergeben sich aus einer guten beziehungsweise geringen „Passung" für den Lernerfolg im Fernstudium? Welche Zusammenhänge bestehen zwischen dem Lernerfolg sowie den Merkmalen der Lernenden, den Lernstilen und den Lernstrategien? |
| Eine Übersicht zu den Forschungsfragen, die im Rahmen der quantitativen Untersuchung im Mittelpunkt standen, ist im Abschnitt 3.1 auf Seite 27 aufgeführt. | |

### 3.6.1 Einschätzung des Lernerfolgs

Mit vier Items wurde die Einschätzung des Lernerfolgs durch die Befragten erhoben (siehe auch den vollständigen Fragebogen im Anhang auf Seite 111):

| Dimensionen | Items |
|---|---|
| Lernerfolg | Ich bin mit meinen Leistungen im Studium zufrieden. |
| | Ich habe in meinem Studium schon viel gelernt. |
| | Im Vergleich zu meinen Mitstudierenden erziele ich bessere Noten. |
| | Im Vergleich zu meinen Studienkollegen schaffe ich mehr Module in der gleichen Zeit. |
| Auf einer siebenstufigen Skala von „Stimme gar nicht zu" bis „Stimme vollkommen zu" war der Grad der Zustimmung zu der Aussage anzugeben. | |

Tabelle 11:   Items zur Messung des Lernerfolgs

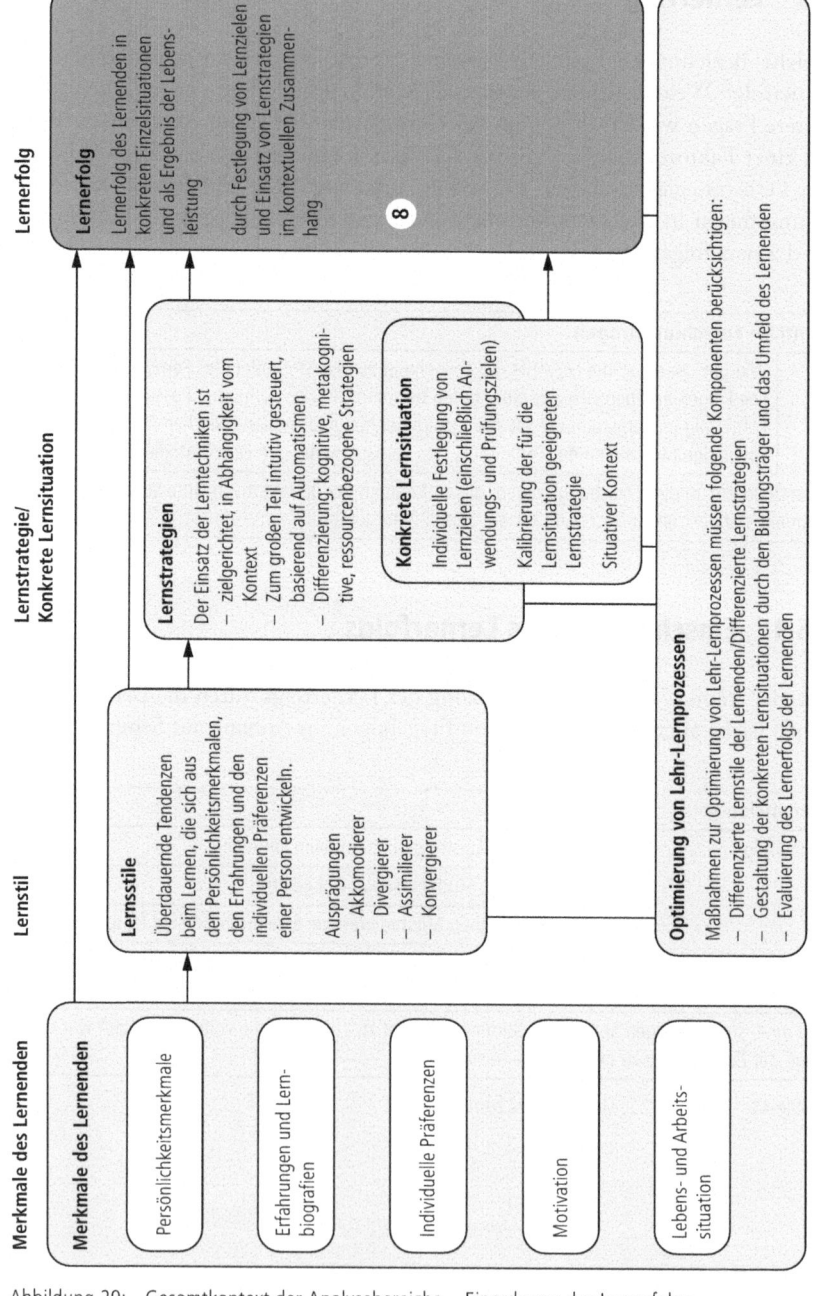

Abbildung 29: Gesamtkontext der Analysebereiche – Einordnung des Lernerfolgs.

Die Abbildung 30 verdeutlicht, dass von den Studierenden der Lernerfolg sehr unterschiedlich eingeschätzt wird. Die mittleren Werte zwischen 3 und 6 auf der siebenstufigen Skala sind am stärksten besetzt – aber auch Extremwerte wurden häufig angegeben. Für alle Studierenden ergibt sich ein Durchschnittswert von 4,4. Übersetzt man die siebenstufige Skala in eine Fünfer-Notenskala, so ergibt sich hieraus mit 2,8 ein gutes „Befriedigend".

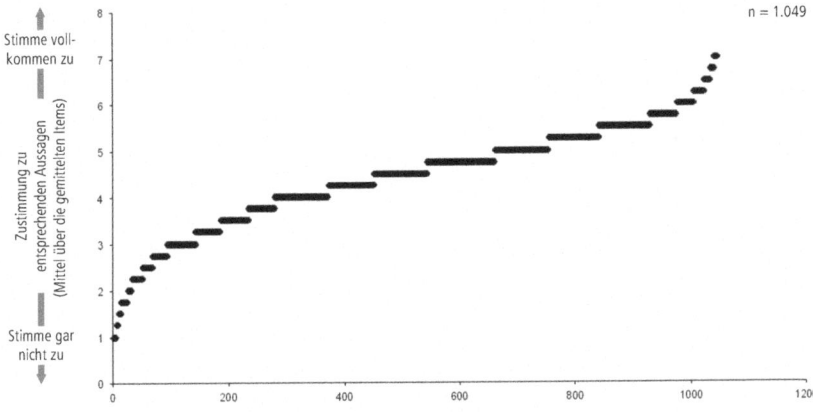

Abbildung 30: Lernstiltypen – Verteilung der Befragten.

## 3.6.2 Merkmale der Lernenden und Lernerfolg

**Differenzierung nach Geschlecht und Altersgruppen**

Studentinnen und Studenten schätzen ihren Studienerfolg etwa gleich gut ein (siehe Abbildung 31). Auch zwischen den Altersgruppen gibt es kaum Differenzierungen.

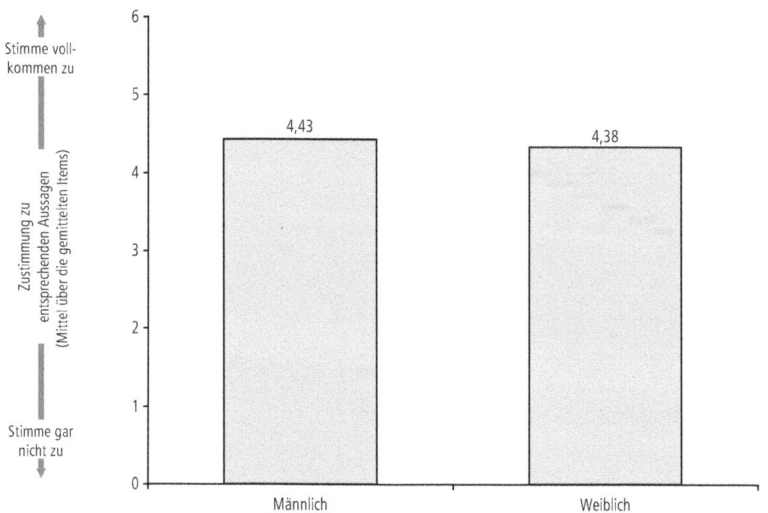

Abbildung 31: Erfolgseinschätzungen nach Geschlecht – alle Studierenden.

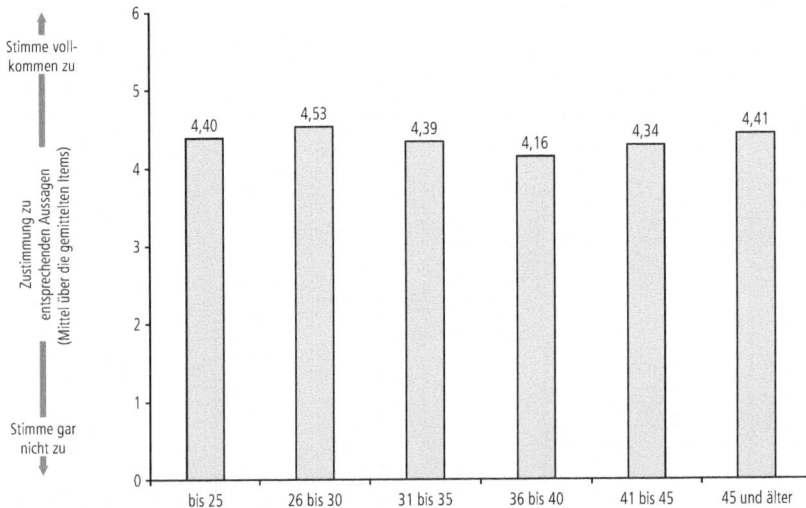

Abbildung 32: Erfolgseinschätzungen nach Altersgruppen – alle Studierenden.

## Differenzierung nach Familienstand

Verheiratete Studenten schätzen den Studienerfolg etwas besser ein als Ledige. Studierende mit Kindern beurteilen den Studienerfolg geringfügig kritischer – unabhängig davon, ob sie alleinerziehend oder verheiratet sind.

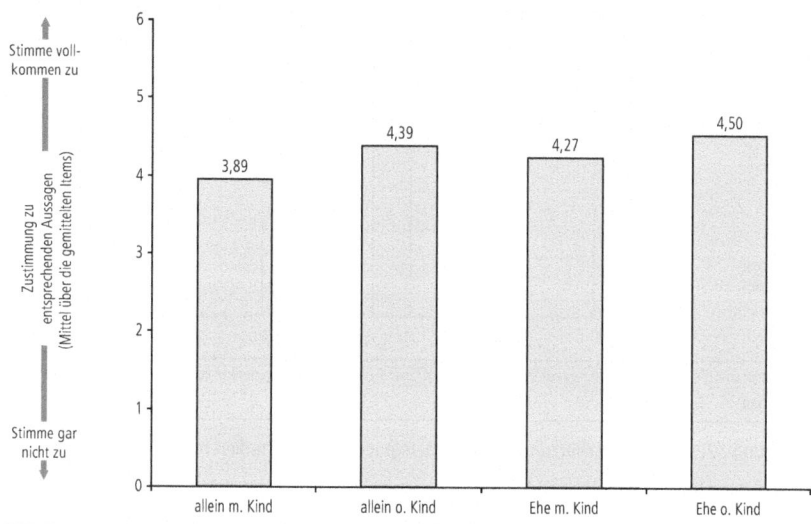

Abbildung 33: Erfolgseinschätzungen nach Familienstand – alle Studierenden.

## Motivation, Konzentration und soziale Unterstützung

Gut motivierte Studenten, die konzentriert arbeiten können und die von ihrem sozialen Umfeld beim Studieren unterstützt werden, bewerten ihren Studienerfolg besonders positiv. Dies verdeutlichen die nachfolgenden Abbildungen.

# Quantitative Untersuchung: Lernstile und Lernstrategien berufstätiger Studierender

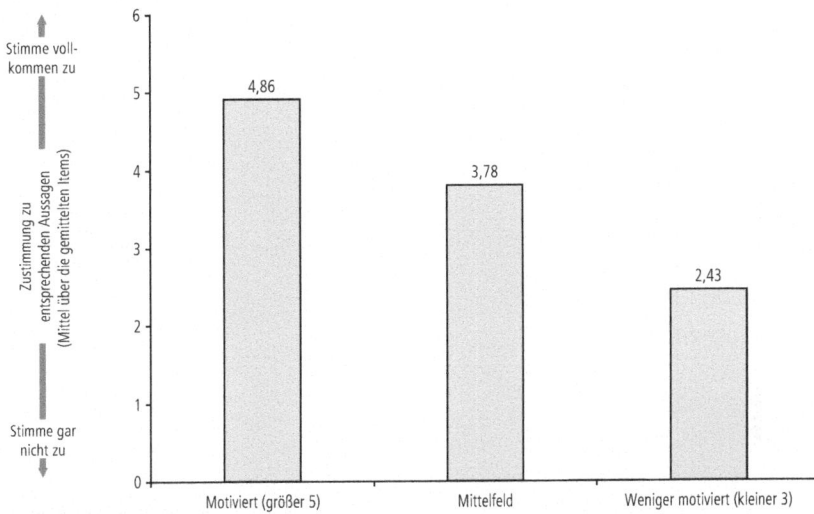

Abbildung 34: Erfolgseinschätzungen nach Motivation – alle Studierenden.

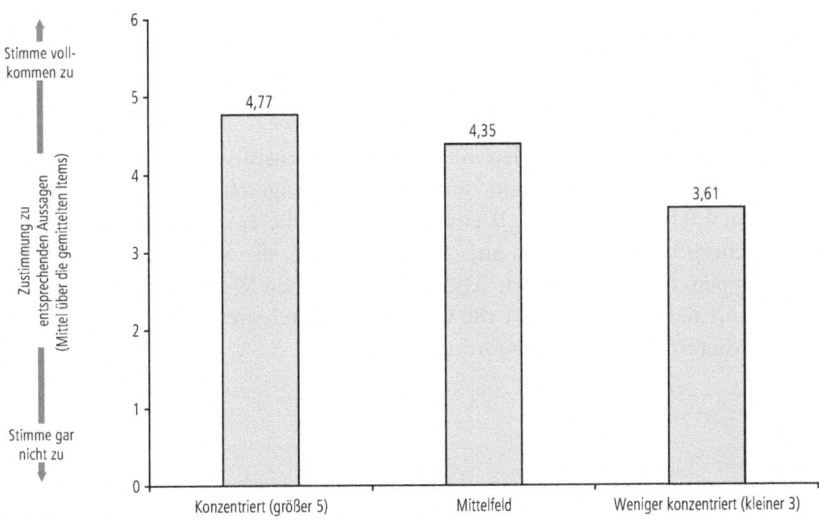

Abbildung 35: Erfolgseinschätzungen nach Konzentration – alle Studierenden.

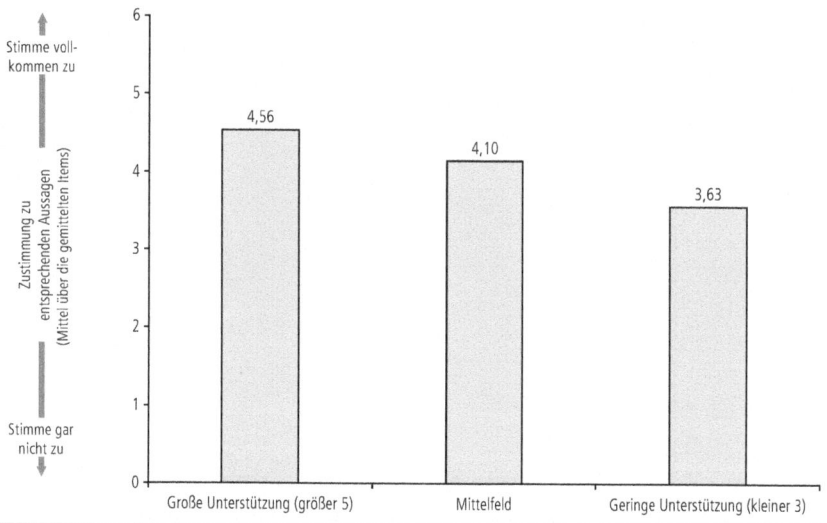

Abbildung 36: Erfolgseinschätzungen nach sozialer Unterstützung – alle Studierenden.

## 3.6.3 Lernstiltypen und Lernerfolg

**Unterschiedliche Erfolgseinschätzungen**

Von den Studierenden, die den verschiedenen Lernstiltypen zugeordnet werden, wird der Studienerfolg sehr unterschiedlich eingeschätzt – die Bandbreite reicht von 4,0 bis 4,6. Positive Werte weisen Assimilierer und Konvergierer und der Mischtyp beider Gruppen auf. Auch die Mitte, die Schnittmenge der vier Lernstiltypen, hat mit 4,4 einen vergleichsweise hohen Wert. Am wenigsten zufrieden mit dem Lernerfolg ist die Gruppe der Studenten, die dem Mischtyp Akkomodierer/Divergierer zuzuordnen ist.

Quantitative Untersuchung: Lernstile und Lernstrategien berufstätiger Studierender

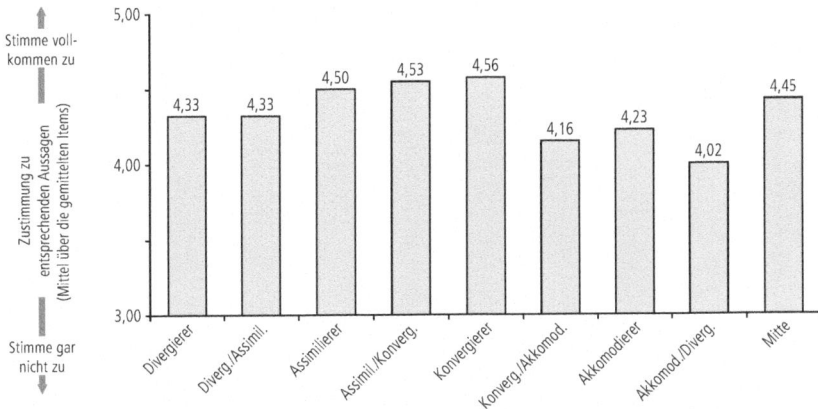

Dargestellt wird die Zustimmung zu entsprechenden Aussagen auf einer Skala von 1 (Stimme gar nicht zu) bis 7 (Stimme vollkommen zu). n = 1.049. Der Durchschnittswert beträgt 4.4

Abbildung 37: Erfolgseinschätzungen – alle Lerntypen.

**Differenzierte Analyse**

Auch bei einer detaillierten Betrachtung der Ergebnisse auf der Ebene einzelner zeigt sich die Zufriedenheit der Assimilierer und Konvergierer mit ihrem Studienerfolg. Als Items wurden erhoben:

- Ich bin mit meiner Leistung im Studium zufrieden.
- Ich habe in meinem Studium schon viel gelernt.
- Im Vergleich zu meinen Mitstudierenden erziele ich bessere Noten.
- Im Vergleich zu meinen Studienkollegen schaffe ich mehr Module in der gleichen Zeit.

Die Ergebnisse der Berechnungen sind auf den nachfolgenden Seiten dokumentiert. Vereinzelt treten Werte auf, die sich nur schwer auf Basis der bisherigen Ergebnisse begründen lassen. So sind beispielsweise Studierende, die dem Mischtyp „Akkomodierer/Divergierer" zuzuordnen sind, vergleichsweise zufrieden mit ihrer Leistung und Divergierer gehen davon aus, dass sie im Vergleich zu Mitstudierenden sehr gute Noten erzielt haben. Diese beiden „Ausreißer" sind vermutlich durch die geringen Fallzahlen begründet, die bei diesen beiden Gruppen auftreten.

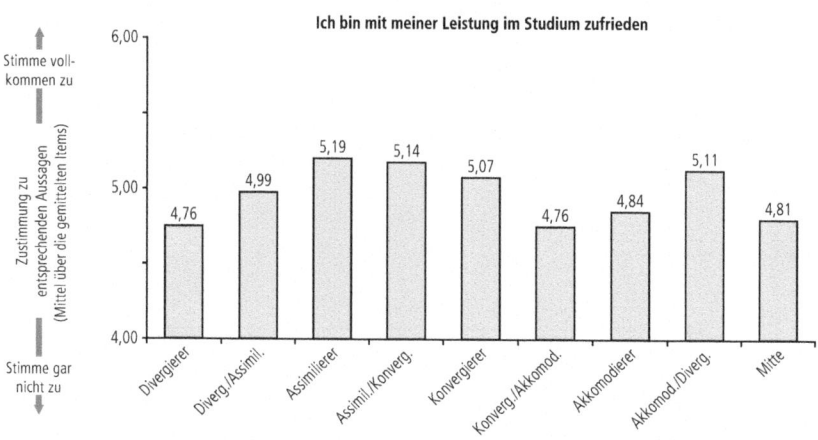

Abbildung 38: Bewertung der eigenen Leistung – alle Lerntypen.

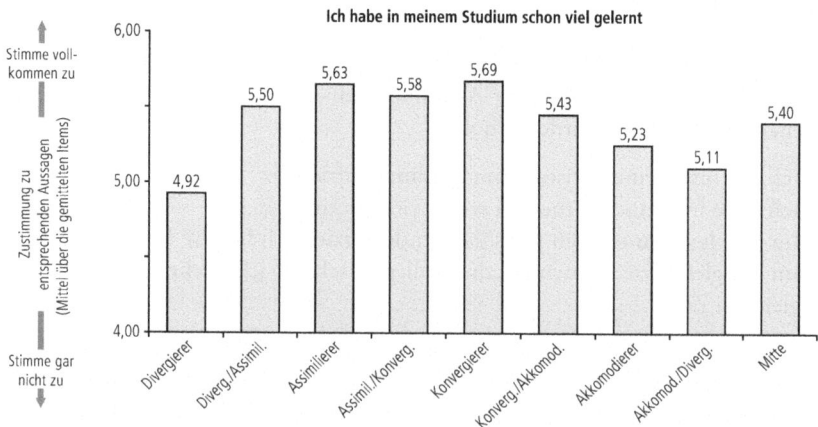

Abbildung 39: Bewertung der Menge des bereits Gelernten – alle Lerntypen.

# Quantitative Untersuchung: Lernstile und Lernstrategien berufstätiger Studierender

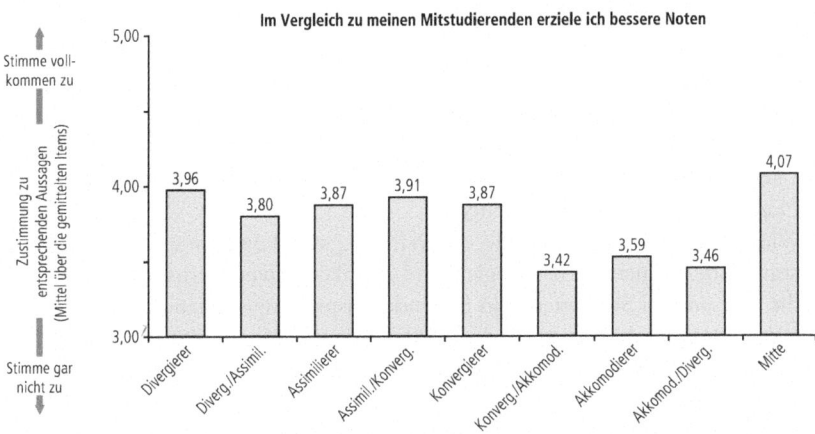

Abbildung 40: Bewertung der erzielten Noten – alle Lerntypen.

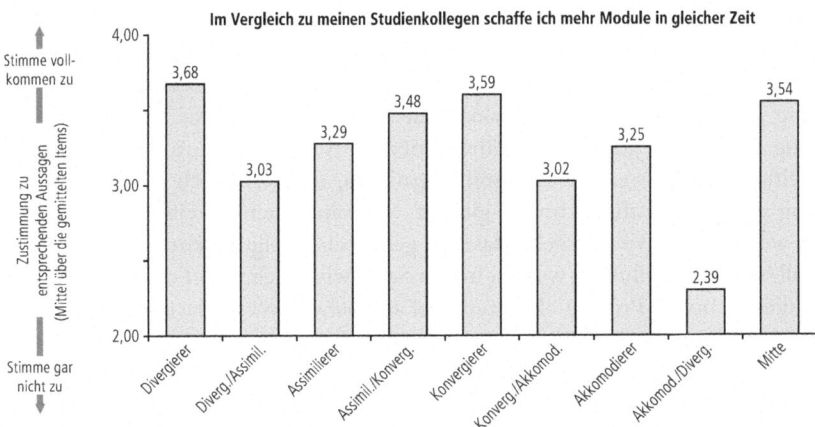

Abbildung 41: Bewertung des zeitlichen Lernfortschritts – alle Lerntypen.

## 3.6.4 Lernstrategien und Lernerfolg

Ein wesentliches Ziel der Untersuchung ist es, den Zusammenhang zwischen eingesetzten Lernstrategien und dem Lernerfolg zu analysieren. Hierbei erfolgt auch eine differenzierte Betrachtung der Zusammenhänge auf der Ebene einzelner Lernstiltypen, um konkrete Anregungen für den Einsatz erfolgversprechender Lernstrategien geben zu können.

Wie bereits dargestellt, wurde die Wirkung von kognitiven Lernstrategien, ressourcenbezogenen Lernstrategien und metakognitiven Lernstrategien untersucht. Diesen drei Strategien sind folgende Ausprägungen zuzuordnen: Organisation, Zusammenhänge, Kritisches Prüfen, Wiederholung, Anstrengung, Zeitmanagement, Lernumgebung, Austausch, Literatur, Zielsetzung und Planung, Kontrolle und Regulation (siehe hierzu Abschnitt 3.5.1).

Die Ergebnisse der folgenden Analyse wurden mit Hilfe einer linearen Regression berechnet. Die Methode analysiert den linearen Zusammenhang zwischen einer endogenen Variable (hier der Lernerfolg) sowie einer exogenen Variable (hier eine Lernstrategie). Hierbei werden die Parameter durch das Verfahren so geschätzt, dass das Quadrat der Abweichungen zwischen Modellwert und empirischem Wert minimiert wird.[73]

Für jede durchgeführte lineare Regression werden zwei Ergebniswerte dargestellt. Zum einen ist dies der Steigungsparameter der Strategie und damit der Einfluss der Strategieanwendung auf den Lernerfolg. Hierbei ist die Ausprägung aufgrund der Dimensionslosigkeit der Messung für die Strategieanwendung kaum oder nur bedingt interpretierbar. Aus diesem Grund kommt dem zweiten Ergebniswert, dem Signifikanzniveau, eine erheblich größere Bedeutung zu. Das Signifikanzniveau gibt an, wie wahrscheinlich ein Prognosefehler ist, wenn man davon ausgeht, dass der gemessene Steigungsparameter ungleich Null ist. Für gewöhnlich werden in den Sozialwissenschaften Fehlerwahrscheinlichkeiten bis 15 Prozent als akzeptabel angesehen. Werte darüber legen nahe, eine Wirkungsannahme eher zu verwerfen als anzunehmen.

Um den Einfluss verschiedener situativer Faktoren zu analysieren, wurde die Stichprobe bei dem jeweiligen Mittelwert der Variablen geteilt und die Steigungsparameter für die beiden Teilstichproben wurden separat berechnet. Ein Vergleich der Parameter gibt dann Aufschluss über die Relevanz der situativen Variablen.

Die Items zu den Lernstrategien sind dem Online-Fragebogen zu entnehmen, der im Anhang aufgeführt ist (siehe Abschnitt 6.1).

---

73 Zur linearen Regression vgl. auch Backhaus, K./Erichson, B./Plinke, W./Weiber, R. (2010), S. 45ff.

## Strategien zur Organisation

An dieser Stelle wird jeweils eine lineare Regression der Strategien auf den Erfolg als Faktor (aus den einzelnen Indikatoren) untersucht. Hierbei werden verschiedene Filtervariablen berücksichtigt. Dargestellt werden jeweils die Ausprägungen der Steigungsparameter und deren Signifikanzniveau im Sinne der Fehlerwahrscheinlichkeit. Bei den nachfolgenden Betrachtungen der weiteren Strategien erfolgt ein identisches Vorgehen.

| Strategie (exogene Variable) | Lerntyp (1. Filter) | Situative Variablen (2. Filter) | Steigungsparameter | Signifikanzniveau Fehlerwahrscheinlichkeit |
|---|---|---|---|---|
| Organisation | alle | keine | 0,162 | 0,000 |
| | alle | Motivation hoch | 0,044 | 0,284 |
| | | Motivation niedrig | 0,160 | 0,004 |
| | | Konzentration hoch | 0,084 | 0,083 |
| | | Konzentration niedrig | 0,174 | 0,002 |
| | Divergierer | keine | −0,076 | 0,761 |
| | Assimilierer | | 0,161 | 0,043 |
| | Konvergierer | | 0,051 | 0,567 |
| | Akkomodierer | | 0,351 | 0,084 |

Tabelle 12: Lernerfolg und Strategien zur Organisation

Strategien zur Organisation sind nur für zwei Lernstiltypen erfolgreich: für Assimilierer und für Akkomodierer. Für beide Gruppen ist der Steigungsparameter ungleich Null und das Signifikanzniveau liegt mit Werten von 0,043 und 0,084 unter 15 Prozent (entsprechend 0,15 in dieser Darstellung).

Es ist leicht verständlich, dass diese Strategie für Assimilierer hilfreich ist. Kolb weist daraufhin, dass Personen mit diesem Lernstil umfangreiche Informationsmengen aufnehmen und präzise in eine logische Struktur überführen können[74] – genau dies erfolgt mit der Lernstrategie Organisation.

Für Akkomodierer ist die Fehlerwahrscheinlich mit 0,084 größer als für die Gruppe der Assimilierer (0,043). Aus den Überlegungen von Kolb lässt sich für diese Gruppe nicht unmittelbar ableiten, warum die Strategie Organisation für den Lernerfolg besonders Erfolg versprechend ist.

---

74 Kolb, D. A. (2007), S. 9.

## Strategie zum Erkennen von Zusammenhängen

| Strategie (exogene Variable) | Lerntyp (1. Filter) | Situative Variablen (2. Filter) | Steigungs-parameter | Signifikanzniveau Fehlerwahrscheinlichkeit |
|---|---|---|---|---|
| Organisation | alle | keine | 0,136 | 0,000 |
| | alle | Motivation hoch | 0,030 | 0,466 |
| | | Motivation niedrig | 0,031 | 0,529 |
| | | Konzentration hoch | 0,052 | 0,273 |
| | | Konzentration niedrig | 0,157 | 0,002 |
| | Divergierer | keine | 0,008 | 0,967 |
| | Assimilierer | | 0,144 | 0,043 |
| | Konvergierer | | 0,246 | 0,025 |
| | Akkomodierer | | 0,661 | 0,000 |

Tabelle 13: Lernerfolg und Strategien zum Erkennen von Zusammenhängen

Für Fernstudenten erscheint die Strategie zum Erkennen von Zusammenhängen besonders wirksam. Lediglich Divergierer, deren Stärken im Bereich der interaktiven Lernprozesse liegen, profitieren von dieser Strategie nicht.

Die Anwendung dieser Strategie ist auch insbesondere für Studierende wichtig, deren Konzentration gering ist.

## Strategie zum kritischen Prüfen

| Strategie (exogene Variable) | Lerntyp (1. Filter) | Situative Variablen (2. Filter) | Steigungsparameter | Signifikanzniveau Fehlerwahrscheinlichkeit |
|---|---|---|---|---|
| Organisation | alle | keine | 0,177 | 0,000 |
| | alle | Motivation hoch | 0,126 | 0,000 |
| | | Motivation niedrig | 0,051 | 0,220 |
| | | Konzentration hoch | 0,111 | 0,002 |
| | | Konzentration niedrig | 0,170 | 0,000 |
| | Divergierer | keine | 0,118 | 0,536 |
| | Assimilierer | | 0,196 | 0,000 |
| | Konvergierer | | 0,155 | 0,032 |
| | Akkomodierer | | 0,342 | 0,007 |

Tabelle 14: Lernerfolg und Strategien zum kritischen Prüfen

Auch zwischen der Strategie zum kritischen Prüfen und dem Lernerfolg besteht bei Assimilierern, Konvergierern und Akkomodierern ein nachweisbarer Zusammenhang.

## Strategie zum Wiederholen

| Strategie (exogene Variable) | Lerntyp (1. Filter) | Situative Variablen (2. Filter) | Steigungsparameter | Signifikanzniveau Fehlerwahrscheinlichkeit |
|---|---|---|---|---|
| Organisation | alle | keine | 0,033 | 0,313 |
| | alle | Motivation hoch | 0,003 | 0,937 |
| | | Motivation niedrig | 0,026 | 0,587 |
| | | Konzentration hoch | 0,007 | 0,869 |
| | | Konzentration niedrig | 0,077 | 0,111 |
| | Divergierer | keine | 0,256 | 0,265 |
| | Assimilierer | | 0,022 | 0,734 |
| | Konvergierer | | –0,094 | 0,302 |
| | Akkomodierer | | –0,130 | 0,425 |

Tabelle 15: Lernerfolg und Strategien zum Wiederholen

Die Berechnungen widerlegen ein weitverbreitetes Vorurteil. Die Vorstellung, dass Wiederholungen des Lernstoffes zum Lernerfolg beitragen, bestätigen sich für Lernende auf Hochschulniveau nicht. Bezeichnend ist, dass für alle Lernstiltypen sehr hohe Fehlerwahrscheinlichkeiten auftreten. Auch ein Zusammenhang zwischen den situativen Variablen und dem Lernerfolg lässt sich bei der Strategie Wiederholen nicht nachweisen.

## Strategie zum Anstrengen

| Strategie (exogene Variable) | Lerntyp (1. Filter) | Situative Variablen (2. Filter) | Steigungsparameter | Signifikanzniveau Fehlerwahrscheinlichkeit |
|---|---|---|---|---|
| Organisation | alle | keine | 0,367 | 0,000 |
| | alle | Motivation hoch | 0,189 | 0,000 |
| | | Motivation niedrig | 0,213 | 0,000 |
| | | Konzentration hoch | 0,276 | 0,000 |
| | | Konzentration niedrig | 0,365 | 0,000 |
| | Divergierer | keine | 0,348 | 0,203 |
| | Assimilierer | | 0,481 | 0,000 |
| | Konvergierer | | 0,087 | 0,293 |
| | Akkomodierer | | 0,439 | 0,001 |

Tabelle 16:   Lernerfolg und Strategien zum Anstrengen

Konvergierer und Divergierer sind durch ein hohes Maß an Eigenständigkeit und durch Experimentierfreudigkeit beziehungsweise durch intuitives Verhalten geprägt. Für beide Gruppen trägt die Lernstrategie „Anstrengung" nicht zum Lernerfolg bei. Assimilierern und Akkomodierern ist diese Strategie jedoch zu empfehlen.

## Strategie zum Zeitmanagement

| Strategie (exogene Variable) | Lerntyp (1. Filter) | Situative Variablen (2. Filter) | Steigungsparameter | Signifikanzniveau Fehlerwahrscheinlichkeit |
|---|---|---|---|---|
| Organisation | alle | keine | 0,132 | 0,000 |
| | alle | Motivation hoch | 0,053 | 0,020 |
| | | Motivation niedrig | 0,043 | 0,196 |
| | | Konzentration hoch | 0,097 | 0,000 |
| | | Konzentration niedrig | 0,117 | 0,000 |
| | Divergierer | keine | 0,145 | 0,407 |
| | Assimilierer | | 0,181 | 0,000 |
| | Konvergierer | | −0,002 | 0,976 |
| | Akkomodierer | | 0,208 | 0,036 |

Tabelle 17: Lernerfolg und Strategien zum Zeitmanagement

Ähnlich wie bei der Strategie „Anstrengung" hat auch die Strategie „Zeitmanagement" nur bei Assimilierern und Akkomodierern positive Effekte auf den Lernerfolg.

Stärken der Assimilierer liegen unter anderem in der systematischen Analyse und Planung – dieses wirkt sich offensichtlich auch auf die Planung der eigenen Arbeitsschritte aus. Auch der Nutzen dieser Strategie für Akkomodierer ist nachvollziehbar. Diese setzen sich gern Ziele und leiten aus diesen konkrete Aufgaben ab.

Auffällig sind die hohen Fehlerwahrscheinlichkeiten für die Anwendung dieser Strategie für Divergierer und Konvergierer.

## Strategie zur Lernumgebung

| Strategie (exogene Variable) | Lerntyp (1. Filter) | Situative Variablen (2. Filter) | Steigungs- parameter | Signifikanz- niveau Fehlerwahr- scheinlichkeit |
|---|---|---|---|---|
| Organisation | alle | keine | 0,092 | 0,001 |
| | alle | Motivation hoch | 0,011 | 0,781 |
| | | Motivation niedrig | 0,021 | 0,578 |
| | | Konzentration hoch | 0,055 | 0,122 |
| | | Konzentration niedrig | 0,042 | 0,283 |
| | Divergierer | keine | 0,039 | 0,864 |
| | Assimilierer | | 0,118 | 0,060 |
| | Konvergierer | | 0,011 | 0,866 |
| | Akkomodierer | | 0,188 | 0,123 |

Tabelle 18:   Lernerfolg und Strategien zur Lernumgebung

Diese Strategie zeigt vergleichsweise geringe Auswirkungen. Lediglich für Assimilierer tritt eine niedrige Fehlerwahrscheinlichkeit auf. Assimilierer haben ein starkes Interesse an einem systematischen Vorgehen, der Entwicklung abstrakter Konzepte. Die Interaktion mit anderen Menschen ist für sie weniger wichtig. Vielleicht ist dies ein Grund dafür, dass eine ruhige, geordnete Lernumgebung für sie einen besonderen Beitrag zum Lernerfolg leistet.

## Strategie zum Austausch mit Studienkollegen

| Strategie (exogene Variable) | Lerntyp (1. Filter) | Situative Variablen (2. Filter) | Steigungs-parameter | Signifikanz-niveau Fehlerwahr-scheinlichkeit |
|---|---|---|---|---|
| Organisation | alle | keine | 0,111 | 0,000 |
| | alle | Motivation hoch | 0,052 | 0,033 |
| | | Motivation niedrig | 0,119 | 0,001 |
| | | Konzentration hoch | 0,113 | 0,000 |
| | | Konzentration niedrig | 0,105 | 0,002 |
| | Divergierer | keine | 0,444 | 0,000 |
| | Assimilierer | | 0,079 | 0,163 |
| | Konvergierer | | 0,088 | 0,173 |
| | Akkomodierer | | 0,211 | 0,050 |

Tabelle 19: Lernerfolg und Strategien zum Austausch mit Studienkollegen

Von dieser Lernstrategie profitieren Divergierer im besonderen Maße. Dies erstaunt nicht, da diese Gruppe großen Wert auf zwischenmenschliche Beziehungen legt. Hilfreich – wenn auch mit einer größeren Fehlerwahrscheinlichkeit – ist diese Strategie auch für Akkomodierer, die sich schnell auf Menschen einstellen können und die sich häufig auf Informationen verlassen, die sie von anderen bekommen.

## Strategie zur Literaturrecherche

| Strategie (exogene Variable) | Lerntyp (1. Filter) | Situative Variablen (2. Filter) | Steigungs-parameter | Signifikanz-niveau Fehlerwahr-scheinlichkeit |
|---|---|---|---|---|
| Organisation | alle | keine | 0,057 | 0,041 |
| | alle | Motivation hoch | 0,018 | 0,547 |
| | | Motivation niedrig | −0,024 | 0,563 |
| | | Konzentration hoch | 0,014 | 0,698 |
| | | Konzentration niedrig | 0,069 | 0,105 |
| | Divergierer | keine | 0,016 | 0,926 |
| | Assimilierer | | 0,033 | 0,603 |
| | Konvergierer | | 0,069 | 0,383 |
| | Akkomodierer | | 0,082 | 0,539 |

Tabelle 20: Lernerfolg und Strategien zur Literaturrecherche

Das Ergebnis der Berechnungen ist eindeutig: Strategien zur Literaturrecherche sind für Fernstudenten, die mit gut aufbereiteten Lernmaterialien arbeiten können, im Hinblick auf den Lernerfolg nicht hilfreich.

## Strategie zur Zielsetzung und zur Planung

| Strategie (exogene Variable) | Lerntyp (1. Filter) | Situative Variablen (2. Filter) | Steigungs-parameter | Signifikanz-niveau Fehlerwahr-scheinlichkeit |
|---|---|---|---|---|
| Organisation | alle | keine | 0,120 | 0,000 |
| | alle | Motivation hoch | 0,051 | 0,026 |
| | | Motivation niedrig | 0,069 | 0,033 |
| | | Konzentration hoch | 0,068 | 0,010 |
| | | Konzentration niedrig | 0,118 | 0,000 |
| | Divergierer | keine | 0,134 | 0,442 |
| | Assimilierer | | 0,075 | 0,102 |
| | Konvergierer | | 0,049 | 0,410 |
| | Akkomodierer | | 0,190 | 0,065 |

Tabelle 21: Lernerfolg und Strategien zur Zielsetzung und zur Planung

Strategien zur Zielsetzung und zur Planung haben positive Effekte auf den Lernerfolg von Akkomodierern. Nach Kolb erprobt diese Gruppe gern unterschiedliche Vorgehensweisen, setzt sich Ziele und leitet aus den Zielen Arbeitsschritte ab. Auch Assimilierern ist diese Strategie zu empfehlen.

**Strategie zur Kontrolle**

| Strategie (exogene Variable) | Lerntyp (1. Filter) | Situative Variablen (2. Filter) | Steigungs-parameter | Signifikanz-niveau Fehlerwahr-scheinlichkeit |
|---|---|---|---|---|
| Organisation | alle | keine | 0,106 | 0,000 |
| | alle | Motivation hoch | 0,009 | 0,763 |
| | | Motivation niedrig | 0,077 | 0,084 |
| | | Konzentration hoch | 0,048 | 0,201 |
| | | Konzentration niedrig | 0,105 | 0,017 |
| | Divergierer | keine | 0,095 | 0,648 |
| | Assimilierer | | 0,102 | 0,102 |
| | Konvergierer | | 0,081 | 0,341 |
| | Akkomodierer | | 0,202 | 0,173 |

Tabelle 22: Lernerfolg und Strategien zur Kontrolle

Maßnahmen zur Kontrolle sind insbesondere für Studierende mit geringer Motivation und geringer Konzentration relevant. Auch für Assimilierer leistet diese Strategie einen Beitrag zum Lernerfolg.

## Strategie zur Regulation

| Strategie (exogene Variable) | Lerntyp (1. Filter) | Situative Variablen (2. Filter) | Steigungs- parameter | Signifikanz- niveau Fehlerwahr- scheinlichkeit |
|---|---|---|---|---|
| Organisation | alle | keine | 0,143 | 0,000 |
| | alle | Motivation hoch | 0,079 | 0,044 |
| | | Motivation niedrig | 0,027 | 0,579 |
| | | Konzentration hoch | 0,031 | 0,486 |
| | | Konzentration niedrig | 0,211 | 0,000 |
| | Divergierer | keine | 0,459 | 0,136 |
| | Assimilierer | | 0,073 | 0,313 |
| | Konvergierer | | 0,099 | 0,340 |
| | Akkomodierer | | 0,295 | 0,067 |

Tabelle 23: Lernerfolg und Strategien zur Regulation

Die Arbeitsweise von Akkomodierern ist geprägt durch den Einsatz von Experimenten und die Formulierung von eigenständigen Zielen. Die Umstellung von Lernplänen, die Neugestaltung von Abläufen ist deshalb für diese Gruppe ein guter Ansatz, um den Lernerfolg zu steigern.

Divergierer, für die der Einsatz dieser Strategie mit 0,136 ebenfalls auf einem geeigneten Signifikanzniveau liegt, entwickeln beim Lernen gern eigene Ideen. Eng verbunden ist damit auch der Einsatz selbst definierter Lernabfolgen, der bei dieser Strategie bedeutsam ist.

**Zusammenfassende Empfehlungen**

In der nachfolgenden Tabelle ist zusammenfassend aufgeführt, welche Strategien aufgrund der Analyse mit der linearen Regression für einzelne Lernstiltypen zu empfehlen sind.

Zunächst fällt auf, dass für Fernstudenten auf Hochschulniveau zwei Strategien offensichtlich ungeeignet sind – unabhängig davon, welchem Lernstiltyp sie zuzuordnen sind. Diese Strategien sind das Wiederholen und die ergänzende Literaturrecherche.

Relativ schwache Auswirkungen weisen die Strategien Kontrolle und Regulation auf. Die Erarbeitung von Zusammenhängen und das kritische Prüfen steigern dagegen auf einem signifikanten Niveau gleich für drei Lernstiltypen den Lernerfolg.

Die meisten Empfehlungen lassen sich für Assimilierer und Akkomodierer ableiten. Divergierern ist dagegen nur die nachvollziehbare Empfehlung zu geben, die Strategieansätze „Austausch mit Studienkollegen" und „Regulation" umzusetzen. Für Konvergierer ist insbesondere das Erarbeiten von Zusammenhängen und das kritische Prüfen von Relevanz.

Mit Hilfe der Berechnungen konnte eindeutig ein Zusammenhang zwischen dem Einsatz von Lernstrategien und dem Studienerfolg der vier Lernstiltypen nachgewiesen werden.

| Strategie | Divergierer | Assimilierer | Konvergierer | Akkomodierer |
|---|---|---|---|---|
| Organisation | | +++ | | ++ |
| Zusammenhänge | | +++ | +++ | +++ |
| Kritisches Prüfen | | +++ | +++ | +++ |
| Wiederholen | | | | |
| Anstrengung | | +++ | | +++ |
| Zeitmanagement | | +++ | | +++ |
| Lernumgebung | | ++ | | + |
| Austausch mit Studienkollegen | +++ | | | ++ |
| Literatur | | | | |
| Zielsetzung und Planung | | + | | ++ |
| Kontrolle | | + | | |
| Regulation | + | | | ++ |
| N = 475 | | | | |
| Die Empfehlungen wurden aus den Analysen abgeleitet, die mit Hilfe einer linearen Regression berechnet worden sind. | | | | |
| Legende:<br>[+] Positive Effekte des Strategieeinsatzes auf den Lernerfolg wurden nachgewiesen.<br>+++: Fehlerwahrscheinlichkeit <0,05<br>++: Fehlerwahrscheinlichkeit 0,05 bis 0,99<br>+: Fehlerwahrscheinlichkeit 0,1 bis 0,149 | | | | |

Tabelle 24:   Erfolgversprechende Strategien für einzelne Lernstiltypen

# 4 Qualitative Untersuchung: Lernbiographien berufstätiger Studierender

## 4.1 Fragestellung

Die qualitative Untersuchung verfolgt das Primärziel, das Instrument zur Erhebung der Lernstiltypen nach Kolb zu validieren. Zudem soll das Lernen der berufstätigen Fernstudenten erkundet und beschrieben werden. Insbesondere waren die Einstellung und die Motivation zum Lernen der Befragten vor dem Hintergrund ihrer Lernbiografie zu erheben.

## 4.2 Forschungsdesign und methodisches Vorgehen

Da die Untersuchung auf das Beschreiben und Verstehen des Lernverhaltens der Kolb'schen Lernstiltypen im Fernstudium angelegt war, wurde ein holistischer und fallorientierter Ansatz gewählt.

Damit einher geht eine bewusste Stichprobenziehung nach dem Top-Down-Verfahren. Bei diesem Verfahren werden die Kriterien vor Beginn der Stichprobenziehung festgelegt. In der vorliegenden Untersuchung ging es primär um die Auswahl möglichst intensiver Typen, also Personen, deren Lernstiltyp deutlich ausgeprägt ist, was sich im Diagramm durch eine signifikante Entfernung des jeweiligen Lerntyps vom Ursprung zeigt. Daneben wurde die Auswahl mittels demographischer Kriterien und dem Kriterium der Berufstätigkeit getroffen. Es wurde angestrebt, eine ausgewogene Verteilung der Stichprobe nach Geschlecht und Alter zu erreichen und möglichst Befragte zu gewinnen, die in einer Vollzeitanstellung arbeiten. Die meisten Befragten (13) studieren Betriebswirtschaftslehre, vier Befragte sind Wirtschaftsinformatik-Studenten und die restlichen vier sind in den Studiengängen International Business Communication, Pädagogik und Engineering eingeschrieben.

Eckdaten zu den Studierenden, die im Rahmen der qualitativen Erhebung befragt wurden, sind im Anhang aufgeführt (siehe Abschnitt 6.3).

Da die Interviewerin als Lehrende den Befragten bekannt war, wurde zudem darauf geachtet, keine Studenten in die Stichprobe zu ziehen, die mit der Interviewerin in einem Betreuungsverhältnis stehen.[75]

Insgesamt wurden 21 Interviews im Zeitraum von Februar 2011 bis Mai 2014 geführt. Die Interviews wurden telefonisch geführt, um die Befragungssituation in die häusliche Sphäre und damit in die natürliche Lernumgebung des Fernstudenten einzubetten. Die Gespräche dauerten ein bis zwei Stunden und wurden aufgezeichnet.

Als Methode der Datenerhebung wurde zum einen im Bereich der Lernbiografie-Forschung das episodische Interview in non-standardisierter Form durchgeführt.[76] Zum anderen wurde zur Validierung des Erhebungsinstrumentes sowie der übrigen Forschungsfragen das halbstandardisierte Interview gewählt. Hierbei wurden die Interviewfragen inhaltlich festgelegt, aber in der Reihenfolge und im Wortlaut flexibel gehandhabt. Auf einengende Vorgaben wurde soweit wie möglich verzichtet. Wie in einem Alltagsgespräch konnten die Gesprächspartner mit eigenen Worten sprechen. Hierdurch können eine hohe Inhaltsvalidität und ein tieferer Informationsgehalt erreicht werden.

In den Gesprächen galt es zunächst, die grundsätzliche Einstellung zum Lernen und die begleitenden Emotionen zu erfahren. Zur Validierung des Lerntyps wurde vor dem Gespräch die schriftliche Befragung des Probanden ausgewertet und dann mit dem Probanden besprochen. Der jeweilige Lernstil-Typ wurde durch den Interviewer beschrieben und näher erläutert. Daraufhin konnte der Proband seine Ergebnisse aus der Online-Befragung reflektieren und Beispiele für eigene typische Lernsituationen im Studium erläutern.

Im Fortlauf des Gesprächs wurde der biografische Werdegang des Befragten aufgerollt. Hier ging es unter anderem um den familiären Hintergrund, erste Lernerfahrungen, die schulische Bildung und die berufliche Ausbildung des Interviewten. Um die berufliche Situation des Fernstudenten zu erheben, wurde im Detail über Art und Umfang der Berufstätigkeit gesprochen.

---

75 Da die Machtverhältnisse zwischen dem Befragten und dem Forscher ungleich sind, kann dies dazu führen, dass die erforschten Personen spontan mehr Informationen von sich preisgeben, als sie eigentlich möchten. Daher wird den Untersuchungsteilnehmern, deren Daten im Rahmen von Fallstudien vorgestellt werden, vor der Publikation Einblick in die Texte gewährt. Siehe hierzu und zu ethischen Problemen in der qualitativen Forschung Hussy/Schreier/Echterhoff, 2010, S. 270f.
76 Im Rahmen des episodischen Interviews wird durch Erzählanstöße Wissen aus Erinnerungen und Erfahrungen aus Lernsituationen im familiären und schulischen Bereich sowie gegebenenfalls auch aus einem Erststudium erhoben. Vgl. zum episodischen Interview Flick, U. (2011), S. 273–280.

Auf Basis des ausgebreiteten biografischen Hintergrundes wurde der Proband eingehend nach seiner Motivation zum Lernen beziehungsweise zum Studieren befragt. Gegen Ende des Interviews wurde der Studierende gebeten, seine Lernstrategien detailliert zu beschreiben. Häufig gelang es im Gespräch, Schlüsselsituationen beziehungsweise prägende Bildungserfahrungen zu schildern, die den Lernstil und die Lernstrategien des Studierenden verdeutlichen.

Der eingesetzte Interviewleitfaden ist im Anhang aufgeführt (siehe hierzu Anhang 6.4 ab Seite 131).

Im folgenden Abschnitt werden die Ergebnisse ausgewählter Interviews vorgestellt.

## 4.3 Portraits ausgewählter Lerntypen

### 4.3.1 Akkomodierer Christopher S.

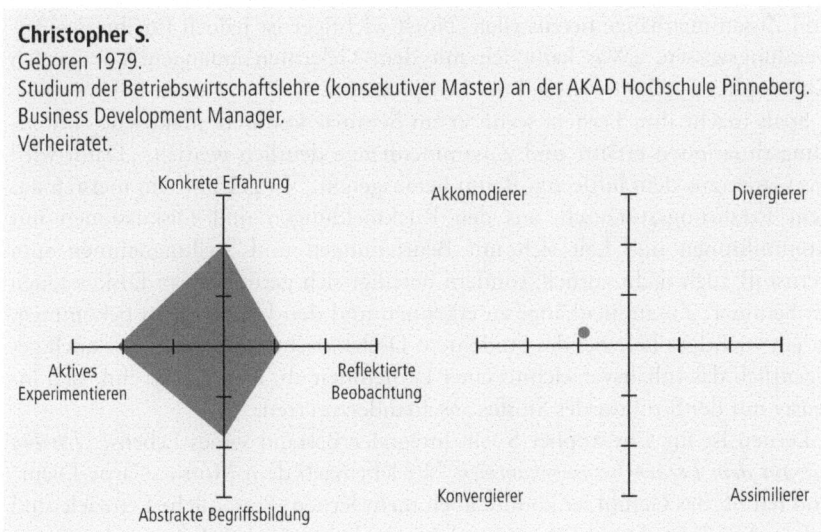

**Christopher S.**
Geboren 1979.
Studium der Betriebswirtschaftslehre (konsekutiver Master) an der AKAD Hochschule Pinneberg.
Business Development Manager.
Verheiratet.

Aufgewachsen ist Christopher S. (Jahrgang 1979) in einem Dorf in Baden-Württemberg als ältester Sohn einer Lehrerin und eines Chefredakteurs. Zusammen mit seinem zwei Jahre jüngeren Bruder verbrachte er eine behütete Kindheit. Nach dem Tod seiner Mutter, als er 11 Jahre alt war, wurde er vom Vater und der Großmutter aufgezogen. Christopher S. war vielseitig interessiert und lernbegierig. Profitiert hat er vor allem von seinen Gesprächen mit dem Vater, der ihn und seinen Bruder morgens in die Schule gefahren hat. „Da gab es jeden Morgen die Viertelstunde, wo ich irgendwelche Fragen gestellt habe.

Meine Feststellung, dass alle Bäume doch nur aus rechten Winkeln und Geraden bestehen, hat er zerstört, indem er mir erklärt hat, was Fraktale sind – wissenschaftliche Gespräche für kleine Jungs."

Nach dem Abitur (Leistungskurse: Mathematik und Geschichte) begann er eine Offizierslaufbahn bei der Marine. In der Grundausbildung diente er unter anderem auf der Gorch Fock, studierte dann dreieinhalb Jahre Betriebswirtschaftslehre an der Bundeswehruniversität in Hamburg. Als Offizier fuhr er zwei Jahre auf einer Fregatte zur See und wechselte dann als Leiter der Öffentlichkeitsarbeit in den Stab der Kommandozentrale. Dort wurde sein Interesse für Marketing geweckt. Im Januar 2010 begann er ein aufbauendes Masterstudium der Betriebswirtschaftslehre bei der AKAD Hochschule Pinneberg mit dem Schwerpunkt Marketing. Davon erhofft er sich eine bessere Einstiegschance in die Wirtschaft nach zwölf Jahren Bundeswehrzeit.

Lernen bedeutet für Christopher S.: „Reibungshitze im Gehirn erzeugen." Er sagt von sich: „Ich bin schon von Natur aus sehr neugierig." Der Erwerb von Faktenwissen ist die notwendige Basis, um Dinge richtig einordnen zu können und Zusammenhänge herzustellen. Noch wichtiger ist jedoch für ihn das Anwendungswissen. „Was kann ich mit dem Gelernten anfangen?", fragt sich Christopher S. schon während des Lernprozesses.

Spaß macht ihm Lernen, wenn er im Seminar konkrete praktische Anwendungssituationen erfährt und Zusammenhänge deutlich werden. „Dann wird das Ganze aus dem luftleeren Raum herausgeholt." Er gewinnt am meisten aus dem Erfahrungsaustausch, aus den Rückmeldungen und Diskussionen mit Kommilitonen und hält sich mit Beurteilungen und Stellungnahmen zum Lernstoff auch nicht zurück, sondern beteiligt sich gern aktiv an Diskussionen im Seminar. Zusammenhänge zu erkennen und den Überblick zu bekommen, ist ein wichtiges Lernziel des Studenten. Deshalb schreibt er zu Hause auch gelegentlich das Inhaltsverzeichnis einer Lerneinheit ab. Dies zwingt ihn, sich intensiv mit der Struktur des Stoffes auseinanderzusetzen.

Lernen ist für Christopher S. ein integraler Bestand seines Lebens. *„Ich bin nie aus dem Lernen herausgekommen."* Er lebt nach dem Motto „Carpe Diem" und hat oft das Gefühl, er könnte noch mehr lernen. Persönliche Lernziele sind neben dem Erwerb von Fakten- und Anwendungswissen Effizienzverbesserung und Selbstmanagement. Methoden zur Erreichung dieser Ziele hat er vor allem im Verlaufe seines Fernstudiums bei der AKAD lernen können. Dennoch würde er grundsätzlich ein Präsenzstudium vorziehen, da der persönliche Austausch und die Seminare für ihn sehr wichtig sind. Dass er sich dennoch für ein Fernstudium entschieden hat, liegt an der hier möglichen Vereinbarkeit von Beruf und Studium.

## 4.3.2 Akkomodierer Heike F.

**Heike F.**
Geboren 1982.
Studium der Betriebswirtschaftslehre an der AKAD Hochschule Leipzig.
Leistungssportlerin, Referentin für Öffentlichkeitsarbeit.
Mutter eines Sohnes.

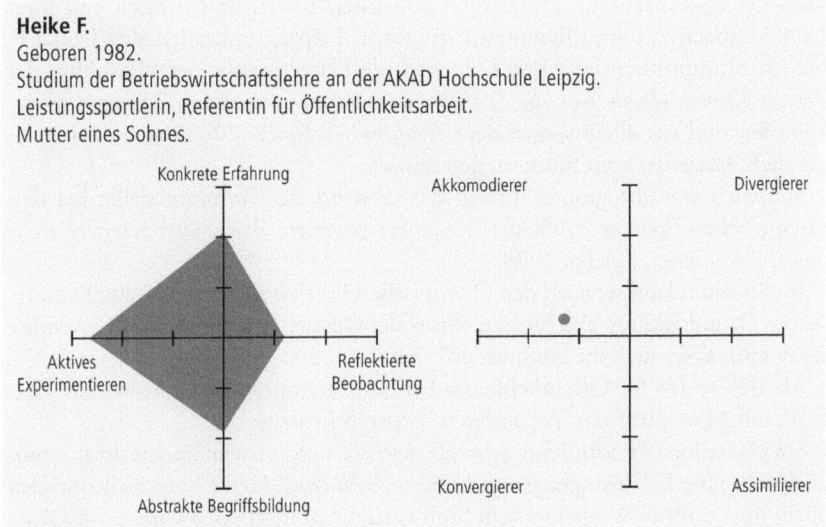

Heike F. hat mit sieben Jahren angefangen, Leistungssport zu treiben. Ihre Eltern, beide Diplomsportlehrer, trainierten ihre einzige Tochter selbst. Die Leipzigerin besuchte nach der Grundschule ein Sportgymnasium, wo ihr das Lernen recht leicht fiel: Im Unterricht kam sie sehr gut mit. Auch zu Hause gingen ihr die Hausaufgaben und die Vorbereitung von Klassenarbeiten schnell von der Hand. Bis zur 10. Klasse hatte sie keine „3" im Zeugnis.

1996 konnte sie die ersten internationalen sportlichen Erfolge verzeichnen. Damit einher gingen viele Sportlehrgänge, sodass etliche Fehlzeiten in der Schule die Folge waren und Heike F. schon mit 15 Jahren zwar mit Unterstützung ihrer Lehrer, aber schon recht selbstständig lernen musste. Ab 1999 trainierte sie sowohl im Jugend- als auch im Erwachsenenbereich. Dies bedeutete zwei Trainingseinheiten am Tag. Angesichts dieser Doppelbelastung entwickelte man für sie ein Modell mit 20 Wochenstunden, wodurch die Schulzeit um ein Jahr verlängert wurde. Obwohl sie von 1999 bis 2002 420 Tage in der Schule gefehlt hat, gelang ihr ein guter Abschluss (Abitur mit 1,8). Bereits in ihrer Schulzeit verzeichnete sie zahlreiche sportliche Erfolge.

Um ihre Sportkarriere weiter zu verfolgen und gleichzeitig ihren Lebensunterhalt bestreiten zu können, wurde Heike F. 2002 Sportsoldatin bei der Bundeswehr. Bis 2003 gönnte sie sich eine Lernpause, die allerdings nicht nur positive Folgen hatte: *„Man hat die Probleme vom Training mit nach Hause genommen und über Misserfolge zu lange nachgegrübelt."* In ihrer Schulzeit kam es gar nicht dazu, weil sie nach dem Training direkt lernen musste.

"Nur Sport alleine geht nicht," stellte Heike nach der einjährigen Lernpause fest. Abitur und Sportkarriere reichten ihr nicht, denn „keiner fragt später mehr nach der Sportkarriere." Unterstützt von ihren Eltern und beraten von ihrer Laufbahnberaterin am Olympiastützpunkt in Leipzig, entschied sich Heike F. für ein Studium bei der AKAD Hochschule Leipzig. „Mit der Flexibilität der *Fernstudium-Methode war die Sportkarriere gut zu vereinbaren.*" Wegen Wettkämpfen und vor allem wegen der Olympischen Spiele 2008 hat sie sich gelegentlich Auszeiten vom Studium genommen.

Sportlich war ihr größter Erfolg der Gewinn der Bronzemedaille bei den Olympischen Spielen 2008 in Peking. Sie beendete ihre Sport-Karriere nach den Olympischen Spielen 2008.

Im Studium kam sie nach den Olympischen Spielen zügig voran: 2009 konnte sie das Grundstudium abschließen. Trotz der Geburt ihres Sohnes im November 2009 schloss sie auch ihr Studium 2011 ab.

Als Referentin für Öffentlichkeitsarbeit am Olympiastützpunkt betreut Heike F. seit März 2011 das Topathleten-Team in Leipzig.

Da sie schon als Schülerin sehr oft selbstständig lernen musste und damit auch sehr gute Erfahrungen gemacht hatte, bevorzugt Heike F. es, sich zunächst allein und auf ihre Weise mit dem Stoff vertraut zu machen. Sie meint, die Auseinandersetzung mit dem Lernstoff sei beim Fernstudium intensiver und effektiver als in einem Präsenzstudium.

Als Akkomodierer schätzt sie aber auch Lernsituationen, bei denen sie eine Sache an konkreten Aufgaben oder typischen Beispielen selber sehen oder erkunden kann. Sie zieht es vor, die Dinge selbst zu erproben und sich davon zu überzeugen, was möglich ist. Sie lernt am besten, wenn ihre Spontaneität angesprochen ist.

Als Sportlerin hatte sie wenig Berührung mit betriebswirtschaftlichen Fragestellungen, deshalb waren die Seminare während ihres Studiums für sie auch sehr wichtig. Dort hat sie die für sie persönlich besten Lernsituationen und Freude am Lernen erlebt. *„Mir hat das Zusammenarbeiten in Gruppen viel gebracht!"* Vor allem die Praxisbeispiele und der Erfahrungsaustausch mit Kommilitonen in den Seminaren halfen ihr, die Lerninhalte gut zu verstehen und zu vertiefen.

Ihre Zielstrebigkeit kommt Heike F. nicht nur im Sport, sondern auch im Studium zugute. *„Ich denke an das Ziel, visualisiere es und freue mich auf den Tag danach."* So bereitet sich Heike F. auf Wettkämpfe und Klausuren vor. Höhen und Tiefen kennt sie aus dem Sport zur Genüge, sie bringt ein hohes Maß an Selbstmotivation auf und versteht es, Durststrecken zu überwinden. *„Man schöpft Kraft daraus, wenn man sich durchbeißen konnte."* Schon in der Schule hat Heike F. ihre Ziele hoch angesetzt. Die ehrgeizige Schülerin strebte nach guten Leistungen und auch im Studium gibt sie sich nicht mit Mittelmaß zufrieden. Vor wichtigen Prüfungen hat sie auch schon einmal auf die Trainingseinheit am Nachmittag verzichtet.

Wichtig im Studium ist für sie eine gute Planung. Ihren Jahresplan, wann sie welche Seminare und Prüfungen absolviert, hat sie unter Berücksichtigung ihrer Wettkämpfe festgelegt und auch eingehalten. Um die gesteckten Ziele zu erreichen, besuchte sie nicht nur Seminare in Leipzig, sondern auch an anderen AKAD-Standorten.

Ihr Lernverhalten musste sie zum Ende des Studiums anpassen. Nach der Geburt ihres Sohnes hat sie öfter Abstriche bei der perfektionistischen Gestaltung ihrer Zusammenfassungen gemacht, sich eine flexible Arbeitsweise angewöhnt und insgesamt versucht, noch effizienter zu lernen.

### 4.3.3 Divergierer Karen G.

**Karen G.**
Geboren 1985.
Masterstudium der Betriebswirtschaftslehre an der AKAD Hochschule Pinneberg.
Fachreferentin Produktentwicklung im Bereich der Immobilienwirtschaft.
Ledig.

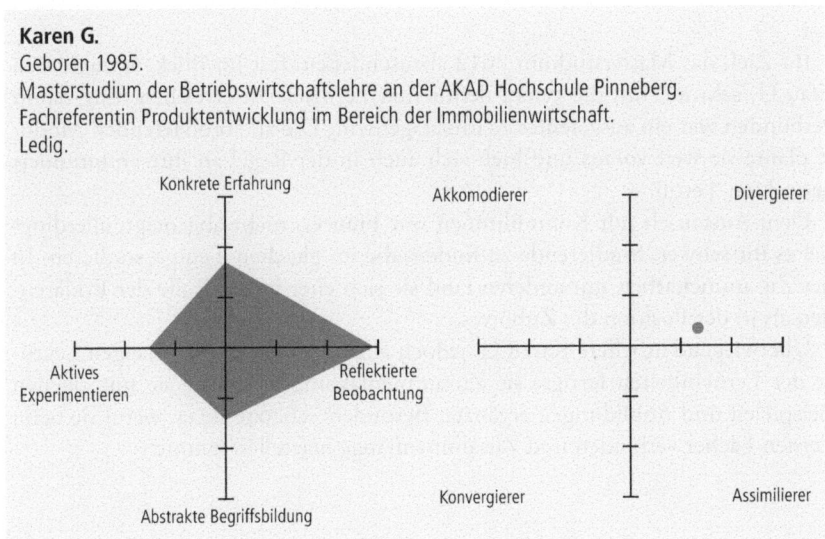

Karen G. wollte ursprünglich Pilotin werden, jedoch entschied sich die 1985 geborene Hamburgerin schließlich für ein duales Studium bei der Deutschen Bahn. Nach einer Berufsausbildung zur Kauffrau der Grundstücks- und Wohnungswirtschaft schloss sie 2009 ihr Studium als Diplombetriebswirtin mit dem Schwerpunkt der Immobilienwirtschaft in Kiel ab.

Als Fachreferentin Produktentwicklung im Bereich der Immobilienwirtschaft arbeitet sie Vollzeit bei einem Tochterunternehmen der Deutschen Bahn. 2010 begann sie ein Masterstudium bei der AKAD Hochschule Pinneberg mit den Schwerpunkten Steuern, Controlling und Accounting.

Schon in ihrer Schulzeit entwickelte Karen G. ihren eigenen Lernstil, der sich seitdem auch nicht wesentlich verändert hat. Vor Arbeiten und Prüfungen im

Gymnasium wurde die Schülerin von einer inneren Unruhe befallen, die dazu führte, dass sie so lange lernte, bis sie das Gefühl hatte, gut vorbereitet zu sein. Arbeitsam und zielorientiert ließ sie sich nicht von ihren Lernzielen ablenken. Diese „Macke" ließ sie damals schlecht schlafen, aber heute könne sie ihr Verhalten besser kontrollieren, beobachtet die Masterstudentin. Insgesamt führe die intensive Vorbereitung auf Klausuren zu guten Prüfungsleistungen.

Dominiert wird Karen G.s Lernstil von ihrem ausgeprägten Hang zur reflektierten Beobachtung. So zieht sie Lernsituationen vor, die es zulassen, sich erst allein und auf ihre Weise mit einer Sache vertraut zu machen. Sie überlegt genau, bevor sie eine Sache angeht, und lässt sich nicht gern unvorbereitet auf etwas ein. Zunächst beobachtet sie sorgfältig und ergreift nicht schnell Partei im Streit der Meinungen. Möglichst lange versucht sie eine neutrale und objektive Beobachterin zu bleiben – und hält sich so lange zurück, bis sie die Übersicht hat.

Ihr Ziel, das Masterstudium 2012 abzuschließen, fest im Blick, strengte sich Frau G. sehr an, um die genau definierten Lernziele zu erreichen. Eng damit verbunden war ein ausgefeiltes Zeitmanagement. Die zu absolvierenden Module plante sie weit voraus und hielt sich auch in der Regel an ihre ambitioniert gesteckten Termine.

Dem Austausch mit Kommilitonen war Frau G. nicht abgeneigt, allerdings fiel es ihr schwer, Studierende zu finden, die im gleichen Tempo studieren. In der Zusammenarbeit mit anderen fand sie sich eher in der Rolle der Erklärenden als in der Position des Zuhörers.

Überwiegend arbeitete Karen G. jedoch alleine. Nach der erstmaligen Lektüre der Lerneinheiten fertigte sie Zusammenfassungen an, die sie mit eigenen Beispielen und Abbildungen ergänzte. Besonders schätzte sie es, wenn sie beim Lernen Fächer verbinden und Zusammenhänge herstellen konnte.

## 4.3.4 Konvergierer Philipp T.

**Philipp T.**
Geboren 1986.
Studium der Wirtschaftsinformatik an der AKAD Hochschule Pinneberg.
Leiter des Prozessmanagements in einer Sparkasse. Ledig.

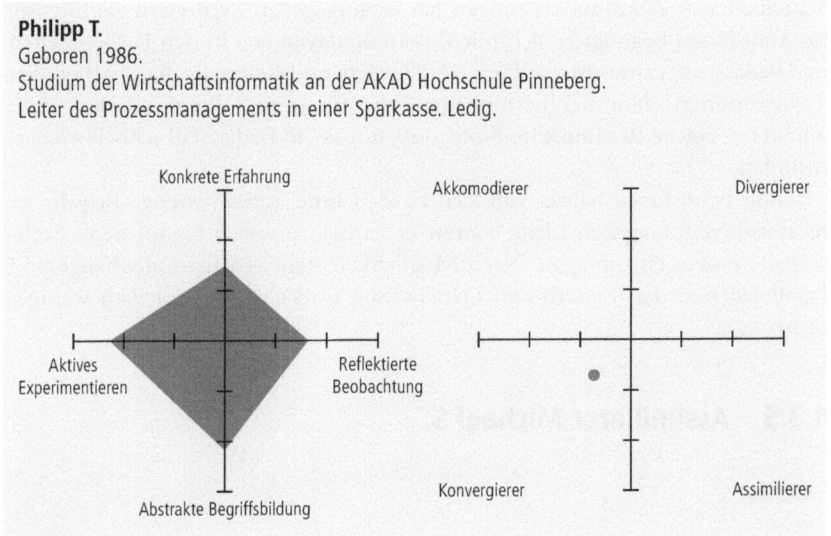

Philipp T. (Jahrgang 1986) wuchs als ältester von drei Kindern in einem Vorort von Oberhausen auf. Sein Vater, ein Maschinenbauingenieur, starb, als er 16 Jahre alt war. Obwohl er gute Leistungen in der Schule erzielte und man ihm zuredete, doch die Hochschulreife zu erlangen, verzichtete er darauf und absolvierte eine Ausbildung als IT-Kaufmann. Danach arbeitete er als Berater bei einer IT-Beratungsgesellschaft und wirkt heute als Betriebsorganisator bei einer Sparkasse. Für ein Fernstudium bei der AKAD Hochschule Pinneberg entschied sich Philipp T. ganz bewusst. Ein reines Präsenzstudium kam für ihn nicht infrage. Ihn reizte die Möglichkeit, Theorie und Praxis zu verbinden.

Besonders leicht fällt ihm das Lernen, wenn er Zusammenhänge zwischen Studieninhalten und beruflichen Problemstellungen herstellen kann. Zwar ist er es gewohnt, als Berater oder Betriebsorganisator selbst Problemlösungen zu entwickeln, jedoch reizt ihn die Auseinandersetzung mit der Theorie, um seine Lösungen zu verbessern beziehungsweise ganz neue Wege einschlagen zu können.

Angst vor Fehlern hat der selbstbewusste junge Mann nicht. Selbst ein fehlerhafter Ansatz kann Ausgangsbasis für eine Lösung sein. Mit dem Experimentieren und Ausprobieren von verschiedenen Optionen erzielt er gute Erfolge. Gerne beteiligt er sich aktiv an Diskussionen in kleineren Gruppen, jedoch lernt er am besten, wenn er sich zunächst alleine einem Sachverhalt nähern und sich auf logische Überlegungen stützen kann.

Philipp T. legt die Stunden, die er pro Woche mit Lernen verbringt, durch einen Zeitplan fest und hält sich dann auch an diesen Plan. Das Studienmaterial liest er gerne, vor allem wenn der Lernstoff auch für sein Berufsleben von Bedeutung ist. Er bezieht das, was er lernt, auf seine eigenen Erfahrungen. Das Schreiben von Zusammenfassungen hat er aufgegeben, weil es zu zeitintensiv ist. Stattdessen begnügt er sich mit Zusammenfassungen in den Lerneinheiten und verlässt sich ansonsten auf seine Stichworte und Beispiele, die er neben den Texten notiert. Nur bei Lerninhalten, die für seinen Beruf relevant sind, schreibt er eigene Resümees im Notebook, um sie im Bedarfsfall schnell wiederzufinden.

Schon beim Lesen hält er von Zeit zu Zeit inne, um schwierige Begriffe zu rekapitulieren. Gegebenenfalls blättert er zurück, um sich komplizierte Sachverhalte erneut einzuprägen. Nach Möglichkeit stellt er Zusammenhänge und Parallelen her, den Erwerb von Detailwissen findet er grundsätzlich weniger sinnvoll.

### 4.3.5 Assimilierer Michael S.

**Michael S.**
Geboren 1977.
Studium der Betriebswirtschaftslehre an der AKAD Hochschule Leipzig.
Kaufmännischer Leiter.
Verheiratet.

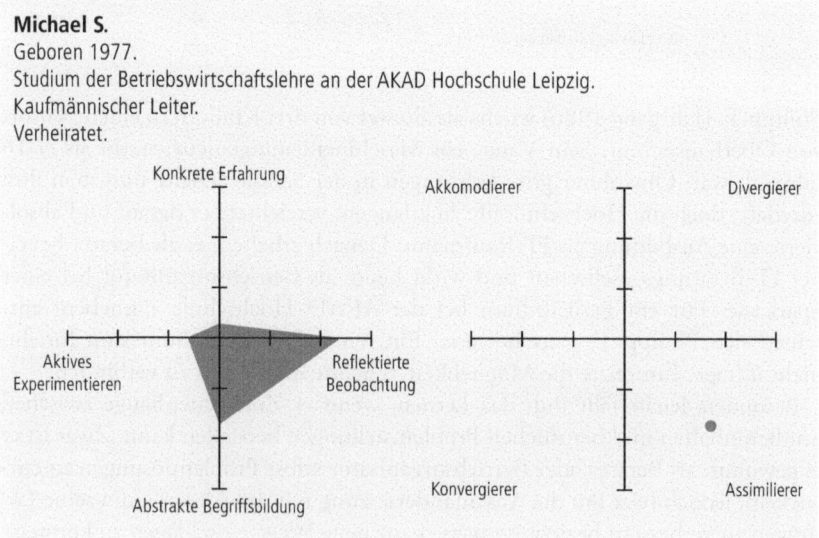

Geboren wurde Michael S. 1977 als Sohn junger Studenten in einer Kleinstadt am Bodensee. Dort wuchs er als Einzelkind in einem kleinbürgerlichen Umfeld auf. Mit seiner Schulzeit verbindet er keine positiven Erinnerungen. Er sei ein schlechter Schüler gewesen, erinnert er sich, und führt dies auf seine „schwierige Persönlichkeit" und auch auf seine mangelnde Sozialkompetenz zurück. Trotzdem schafft er sein Abitur, „flüchtet" 1998 zur Bundeswehr, wo er geordnete Strukturen vorfindet. Als Wehrpflichtiger erfährt er Anerkennung und Wertschätzung. Motiviert durch seinen Erfolg, verpflichtet er sich über die Regelzeit hinaus und schlägt die Offizierslaufbahn ein. Seine Vorgesetzten raten ihm zu einem Studium.

Obwohl er zunächst zaudert, da ihn die „Horrorbilder seiner Schulzeit" belasten, studiert er ab 2003 Staats- und Sozialwissenschaften an der Bundeswehrhochschule in München. Wider Erwarten reüssiert er glänzend und schließt das Studium 2006 als Jahrgangsbester ab. „Das ist bislang die größte Pointe in meinem Leben gewesen," freut sich Michael S. Fast nahtlos schließt der frischgebackene Diplomand ein Studium des Wirtschafts- und Arbeitsrechts an der Fernuniversität Hagen an, das er auch mit Erfolg bereits 2009 abschließt.

Für Personalangelegenheiten ist Michael S. als stellvertretender Abteilungsleiter der Luftlandebrigade zuständig. Im April 2009 schreibt er sich schließlich für ein Studium der Betriebswirtschaftslehre an der AKAD Hochschule in Leipzig ein. Seit dem Ende seiner Dienstzeit ist er als kaufmännischer Leiter eines mittelständischen Unternehmens tätig.

Wie seine Vita offenbart, ist Michael S. mit der Zeit ein geübter Lerner geworden. Nach einem schlechten Start in der Schulzeit hat er schon in seinem ersten Studium der Staats- und Sozialwissenschaften an der Bundeswehrhochschule in München Vertrauen in seine Fähigkeiten entwickeln können. Im Laufe der Zeit entwickelte er seinen eigenen Lernstil. Seine Vorgehensweise ist sehr strukturiert und analytisch. Es bereitet ihm keine Schwierigkeiten, Probleme schnell zu erkennen und Lösungswege zu entwickeln. Beim Lernen stützt er sich auf logische Überlegungen und geht äußerst rational vor.

Konkrete Erfahrungen nutzen ihm im Lernprozess kaum. Auf Diskussionen und den Erfahrungsaustausch mit Kommilitonen kann er beim Lernen verzichten. Auch die praktische Anwendung, das Experimentieren und das Ausprobieren des Gelernten sind für ihn nicht wichtig. Der abstrakte und theoretische Zugang zum Lernstoff fällt ihm hingegen nicht schwer.

Er zieht Lernsituationen vor, die es zulassen, sich erst allein und auf seine Weise mit einer Sache vertraut zu machen. Er ergreift nicht so schnell Partei und versucht im Streit der Meinungen, möglichst lange ein neutraler, objektiver Beobachter zu bleiben. Durch gründliches Erkunden und kritisches Abwägen erspart er sich gerne überflüssige Irrwege. In einer Lerngruppe in München machte er zu Anfang des Studiums die Erfahrung, mit einer Meinung, die er vorher gebildet hatte, alleine gegen die Mehrheit zu stehen. Seine Beurteilung des Lerngegenstandes erwies sich später als richtig. Die Erkenntnis, dass die Mehrheitsmeinung nicht immer die richtige ist, erwies sich als Schlüsselerlebnis und bestätigte ihn in seiner analytischen Vorgehensweise.

Die Methode des Fernstudiums passt gut zu seinem Lernstil, da er eigenbestimmt lernen kann. In der Regel orientiert sich Michael S. an der Struktur der Lernmaterialien. Schon beim Lesen ordnet er den Stoff so, dass er sich ihn gut einprägen kann. Dabei verzichtet er auf Unterstreichungen, Markierungen und

Zusammenfassungen, versucht aber in Gedanken, das Gelernte mit dem zu verbinden, was er schon darüber weiß.

Im Gegensatz zu seiner Kindheit ist er heute stark leistungsmotiviert. Er strengt sich sehr an: Wenn er sich ein bestimmtes Pensum zum Lernen vorgenommen hat, setzt er alles daran, es auch zu schaffen. Er gibt nicht auf, auch wenn der Stoff sehr schwierig oder komplex ist.

Übrigens gelingt es Michael S., nicht nur sich selbst zu motivieren, sondern auch seine Frau, die er bestärkt hat, nach einer Tischlerlehre nicht nur ihr Fachabitur nachzuholen, sondern danach auch noch Bauingenieurwesen zu studieren.

## 4.4 Einstellungen zum Lernen

Um die Einstellung der Fernstudenten zum Lernen zu erfahren, wurden die Probanden nach ihrer besonderen Motivation und ihren Gefühlen zum Lernen befragt. Die Befragten wurden aufgefordert, sowohl besonders positive als auch negative Lernsituationen zu schildern.

Alle Befragten haben durchweg eine positive Einstellung zum Lernen. Lernen bedeutet für die meisten in erster Linie persönliche Weiterentwicklung.

### 4.4.1 Positive Erfahrungen

Die Fremdsprachensekretärin Sandy Th. studiert International Business Communication. Obwohl die Mutter zweier Kinder häufig der Spagat zwischen Familie, Beruf und Studium quält, fühlt sie sich in den mühsam gewonnenen Stunden, in denen sie lernt, wohl: „Ich weiß, ich kann mich mit meinem Studium weiterentwickeln, ich fühle mich wohl dabei: Ich bleibe nicht stehen."

Christine R. empfindet die Möglichkeit, zu lernen, als die Freiheit, ihren Horizont zu erweitern.

Viele Befragte lernen besonders gerne, wenn sie an Vorkenntnisse anknüpfen können und merken, dass der Lernstoff unmittelbaren Bezug zum beruflichen Umfeld hat. Master-Studentin Karen G. meint: „Ich verstehe nun die Zusammenhänge besser, jetzt fängt es an, Spaß zu machen. Wenn sich Fächer verknüpfen lassen, dann macht Lernen Freude."

Christoph J. arbeitet in der Produktion eines mittelständischen Unternehmens und studiert Maschinenbau: „Ich habe persönliches Interesse an den Inhalten des Studiums (Konstruktion, Mathematik). Früher in der Schule war das anders, da hatte ich kein Interesse am Lernen, jetzt im Studium ist es anders."

Jens H. beschäftigt sich beruflich mit Datenverarbeitung: „Der ganze Studiengang Wirtschaftsinformatik interessiert mich und ich habe mich schon aus Eigenmotivation mit dem Thema befasst."

Für Simone K. vermittelt das Studium den notwendigen theoretischen Hintergrund für ihre berufliche Tätigkeit. Sie schätzt, dass sie beim Lernen die Zusammenhänge im Betrieb besser einordnen kann.

Nicht immer fällt Lernen leicht. Sybille D. meint: „Lernen ist anstrengend, bringt mich aber weiter. Wenn sich der Erfolg einstellt, macht es auch glücklich. Für mich ist es wichtig, erfolgreich zu sein."

Auch das Gefühl, viel gelernt zu haben, ist befriedigend. Die Leistungssportlerin Kathrin L. zieht Parallelen zum Sport: „Gelernt zu haben, ist ein tolles Gefühl, genauso, wie wenn man sich sportlich verausgabt hat. Dem Sport folgt die physische und nach dem Lernen die geistige Erschöpfung. Sich durchbeißen ist für mich eine mentale Befriedigung."

Auch Christoph J. findet Lernen dann beglückend, wenn bei schwierigen, kniffeligen Aufgaben, die er erst gar nicht versteht, „der Vorhang von den Augen fällt. Auf diese Momente lebe ich hin."

Gefragt nach einer besonders positiven Lernsituation, werden von mehreren Studenten Lernerfahrungen in Präsenzseminaren beschrieben. So schildert Sylvia Sch.: „Am besten gefallen mir am Studium die Seminare! Alle sind wegen desselben Themas da. Wenn alle Gleichgesinnten da sind, macht Lernen richtig Spaß."

Christine B. wird häufig inspiriert von Dozenten, die Zusammenhänge gut erklären. Auch Christopher S. meint: „Wenn man sich in ein Thema schon eingearbeitet hat und dann mit einer Gruppe zusammentrifft,. Ideal ist für mich, wenn der Professor die Marschrichtung vorgibt und erklärt, was eigentlich das Wichtigste an einem Thema ist. Wenn er die praktische Anwendbarkeit erklärt, das Ganze aus dem luftleeren Raum herausholt und in eine konkrete Situation bringt – das macht am meisten Spaß." Viktor Sch. meint: „Es ist spannend, zu erfahren, wie andere Menschen darüber denken. Es interessiert mich, neue Gesichtspunkte zu erfahren."

## 4.4.2 Umgang mit Problemen

Alle befragten Fernstudenten schildern auch frustrierende Erfahrungen beim Lernen. Sie berichten über Durststrecken, wenn sie Fächer absolvieren müssen, die sie nicht interessieren und aus denen sie keinen beruflichen Nutzen ziehen können. Simone K. lernt ungern Stoff, „den man nie wieder braucht. Es liegt an dem Inhalt des Faches, ob ich darin einen Sinn oder einen Zwang sehe."

Nach einem langen Arbeitstag fällt Lernen manchmal schwer. Christoph J. arbeitet im Schichtdienst: „Wenn ich abends zu müde bin, dann fällt mir das Lernen schwer. Ich überlese dann manches und bin später mit meinen Tagesergebnissen nicht zufrieden. Ich habe dann das Gefühl, nichts erreicht zu haben." Alexander P. muss sich abends zwischen Freizeit mit der Familie und dem Lernen entscheiden. „Das ist für mich emotional belastend."

Auch der Umstand, wegen beruflicher Belastung zu wenig Zeit für die Vorbereitung auf eine Prüfung zu haben, wird als negativ herausgestellt. Stefan Sch.: „Mich frustriert, wenn ich das Gefühl habe, dass ich mir den Stoff nicht merken kann, wenn der Zeitraum zur Klausur zu kurz ist."

Wie motivieren sich Fernstudenten nach langen Arbeitstagen? Christoph J. orientiert sich am Endziel: „Ich möchte die Sicherheit haben, dass ich meine Familie, die ich jetzt gründe, alleine durchbringen kann. Mit meiner jetzigen Stelle geht das nicht."

Simone K. versucht den Stoff in kleine Stücke aufzuteilen: „Ich nehme mir eine bestimmte Seitenzahl zum Lesen pro Abend vor." Auch Frank J. verteilt den Stoff: „Ich mische Schwieriges mit etwas Leichtem."

Philipp T. hält sich streng an seinen Jahresplan: „In meinem Plan ist festgelegt, was ich lernen muss. Das gibt mir Zeitdruck." Ähnlich motiviert sich Frank N.: „Vor einer Klausur baut sich Druck auf, dann muss ich lernen." Selbstdisziplin ist auch die Devise von Kristin Z.: „Ich habe da mein Programm im Hinblick auf eine Klausur und dann ziehe ich das einfach durch."

Motivierend kann auch der Blick zurück sein. Stefan Sch. nennt als Motivationsfaktoren: „Bisherige Erfolge, gute Noten, wenn man an so etwas denkt, dann motiviert es."

# 5 Fazit: Perspektiven zur Individualisierung des Lernens

Um es gleich vorwegzunehmen: Individualisierung des Lernens bedeutet nicht die Vereinsamung der Lernenden. Die Individualisierung ist nicht gleichzusetzen mit einem Lernen ohne soziale Kontakte. Unter Individualisierung des Lernens sind Szenarien zu verstehen, die es dem Einzelnen ermöglichen, gemäß seinem Lernstil erfolgreich selbstbestimmt zu lernen. Die individuellen Anforderungen stehen im Vordergrund, auf didaktische Gleichmacherei wird verzichtet.

Aus Anbieterperspektive für Bildungsleistungen sind hierzu Konzepte zu übernehmen, die im Bereich des E-Commerce unter dem Oberbegriff Mass Customization längst etabliert sind – Vorzüge der Massenproduktion werden genutzt und gleichzeitig wird dem Wunsch der Kunden nach individualisierten Angeboten entsprochen.

**Relevante Fragestellung**

Als Ergebnis der Ausführungen in Kapitel 1 wurde deutlich, dass in der aktuellen Diskussion um lebenslanges Lernen[77] das selbstgesteuerte Lernen Erwachsener immer mehr an Bedeutung gewinnt. Folgerichtig standen die Analyse der Lernstiltypen Berufstätiger und die Untersuchung der Auswirkungen des persönlichen Einsatzes von Lernstrategien im Mittelpunkt dieser Untersuchung.

---

77 Zu detaillierten Ausführungen zum Zusammenhang von lebenslangem Lernen und den in dieser Arbeit untersuchten Lerntheorien bzw. dem Lernstilinventar von Kolb siehe Kolb (2013), S. 311ff.

Im Grundlagenteil dieser Arbeit wurde betont, dass eine besondere Herausforderung der aktuellen Lernstrategieforschung die Frage ist, in welchen Maß Lernstrategien die Lernleistungen beziehungsweise den Lernerfolg beeinflussen. Auf vorhandene Forschungsergebnisse – und Forschungsdefizite – wurde hingewiesen.

Mit Hilfe der detaillierten Auswertungen der Online-Erhebung, an der sich mehr als 1.000 Studenten beteiligten, konnten interessante empirische Ergebnisse erarbeitet werden.

### Spezifische Lernszenarien im Hochschulbereich

Abgestimmt war die Untersuchung auf die spezifischen Lernbedingungen im Hochschulbereich. Lernkontexte an Hochschulen sind erheblich komplexer als im schulischen Umfeld – aber auch selbstbestimmter, insbesondere im Rahmen von Fernstudienangeboten. Strategien des selbstbestimmten Lernens sind für Fernstudierende von zentraler Bedeutung, da Lernmaterialien eigenständig ausgewertet werden müssen und der Lernplan persönlich gestaltet werden muss.

### Qualitative Untersuchung

Die im Rahmen dieses Projektes durchgeführte qualitative Untersuchung hat das Instrument zur Erhebung der Lernstiltypen nach Kolb validiert. Es konnten differenzierte Erkenntnisse über das individuelle Lernverhalten der berufstätigen Fernstudenten gewonnen werden.

Auffallend sind die hohe Selbstdisziplin, die straffe Organisation und das zielorientierte Lernen der Befragten. Wenngleich die Berufstätigkeit der Studierenden das Zeitbudget des Lernens einerseits eingrenzt, so kann doch andererseits eine vertiefende Auseinandersetzung mit dem Lernstoff durch die praktische Perspektive konstatiert werden, die für den Lernerfolg förderlich ist. Gemein ist allen Befragten trotz oder gerade wegen friktionsreicher Lernbiografien ein hohes Maß an Motivation.

### Empirische Bestätigung grundlegender Annahmen

Mit Hilfe der umfangreichen quantitativen Analyse wurde belegt, dass die Studierenden individuelle Zugänge zum eigenen Lernen entwickeln und somit den Erwerb neuer Kenntnisse und Kompetenzen eigenständig gestalten, strukturieren, steuern und bewerten.

Die Berechnungen verdeutlichten auch, dass die in der Theorie weit verbreitete Position, dass die Motivation eine wertvolle Ressource für das lebenslange Lernen und für die kontinuierliche Weiterentwicklung von Kompetenzen ist, bestätigt werden kann.

Aus der Erhebung wurde auch deutlich, dass ein Teil der Studierenden die Möglichkeit sucht, den Reflexionsprozess durch Diskussionen zu fördern.

Nicht immer bietet hier ein Fernstudium mit seinem klassischen Angebot ein optimales Forum für alle Lernstiltypen.

**Verifizierung der Lernstiltypologie**

Mit der quantitativen Analyse konnten die Lernstiltypen von Kolb – auch im Hinblick auf ihre differenzierten Ausprägungen – identifiziert werden. Deutlich wurde aber auch, dass fast 55 Prozent der Befragten sich dem zentralen Mischtyp oder einem bipolaren Mischtyp zuordnen lassen. Deshalb bietet es sich an, das Konzept der Lernstiltypen als Kontinuum zu interpretieren. Stark kontrastierende Typen treten nur in der Hälfte der Fälle auf, viele Befragte weisen Merkmale mehrerer Lernstiltypen auf.

Bei den befragten Studierenden zeigte sich, dass die Gruppen der Konvergierer und Assimilierer einen Anteil von etwa 37 Prozent an allen Befragten haben. Ordnet man die drei relevanten Mischtypen (Divergierer/Assimilierer; Assimilierer/Konvergierer und Konvergierer/Akkomodierer) hinzu, so ergibt sich ein Anteil von mehr als drei Viertel.

Gemäß den Ausführungen von Kolb erstaunt es nicht, dass Konvergierer und Assimilierer besonders stark vertreten sind. Falsch wäre es jedoch, hieraus die Schlussfolgerung zu ziehen, dass ein Fernstudium insbesondere für diese Lernstiltypen geeignet ist. Vielmehr spiegelt sich in diesen Zahlen auch der Status quo der organisatorischen und didaktischen Gestaltung des Fernstudiums sowie der werblichen Ansprache potentieller Kunden wider.

Unter Einsatz entsprechender innovativer didaktischer Konzepte ist es durchaus möglich, gezielt auch andere Lernstiltypen anzusprechen und diese im Rahmen eines Fernstudiums zu einem erfolgreichen Abschluss zu begleiten.

**Empirischer Nachweis der Effekte der Lernstrategien auf den Lernerfolg**

In der quantitativen Untersuchung konnten die Effekte einzelner Lernstrategien auf den Lernerfolg in Abhängigkeit der Lernstiltypen mit Hilfe einer Faktorenanalyse nachgewiesen werden. Hierdurch ist es auch möglich, konkrete Hinweise auf zu empfehlende Lernstrategien für einzelne Lernstiltypen abzuleiten. Ähnlich ausgerichtete Studien[78] kommen hier teilweise zu abweichenden Ergebnissen. Aufgrund der steigenden Zahlen von Fernstudierenden[79] stellt die Konsolidierung der Forschungsergebnisse zur Optimierung der Lernszenarien ein wichtiges Forschungsdesiderat dar.

---

78 Vgl. Boerner et al. (2005), S. 22 ff.
79 Vgl. Lehmann, B. (2012), S. 22.

## Konkrete Unterstützung für Lernende

Vielen Studenten sind die Lernstrategien, die für sie geeignet sind, unbekannt. Kenntnisse zum eigenen Lernstil wirken deutlich motivationssteigernd und erhöhen so die Lernleistung – dies ist durch empirische Untersuchungen bestätigt.[80] Hier bietet es sich an, Lerner methodisch zu unterstützen und ihnen Strategien zu erläutern, die für sie neu und im Hinblick auf ihren Lernerfolg hilfreich sind. Lerner könnten ihre Flexibilität in Lernprozessen steigern und somit auch in zuvor nicht präferierten Lernumgebungen und -kontexten bessere Ergebnisse erzielen.

Wie in Abschnitt 3.6.4 beginnend auf Seite 78 aufgezeigt, wurden als Ergebnis der empirischen Untersuchung Erfolg versprechende Strategien für einzelne Lernstiltypen abgeleitet – diese Ergebnisse können für die Beratung von Studierenden genutzt werden.

Zudem steht im Rahmen des Online-Erhebungsinstrumentes ein Tool zur Bestimmung des individuellen Lernstils zur Verfügung. Der kombinierte Einsatz des Analysetools zur Lernstilermittlung und der Empfehlungsmatrix zum Strategieeinsatz bietet gute Voraussetzungen für die qualifizierte Beratung von Studierenden.

## Positionierungserfordernisse für Bildungsanbieter

Für die Positionierung eines Bildungsanbieters im Hochschulbereich bieten die vorliegenden Ergebnisse wichtige Denkanstöße.

- Zunächst sollte geprüft werden, welche Zielgruppen angesprochen werden sollen. Diese Zielgruppen sollten auch im Hinblick auf ihre Lernstile betrachtet werden. Die Einschränkung auf einzelne Lernstiltypen ist gleichbedeutend mit einer selbst gewählten Markteinschränkung.
- Nach Abschluss dieser Festlegungen muss geprüft werden, ob das Studienangebot und seine didaktische Umsetzung auf die anzusprechenden Lernstiltypen abgestimmt ist – ergänzende inhaltliche und didaktische Konzepte müssen gegebenenfalls geschaffen werden.
- Ein Ergebnis der empirischen Untersuchung war, dass Studenten, die ein ingenieurwissenschaftliches Studienfach studieren, besonders häufig der Gruppe der Konvergierer zuzuordnen sind. Dieses Beispiel zeigt, dass didaktische Konzepte auch studiengangspezifische Anforderungen berücksichtigen müssen – Lösungen von der Stange sind auch im Dienstleistungsbereich längst nicht mehr marktkonform.

---

80  Vgl. Vester, F. (2014), S. 136f.

– Für eine Hochschule sind nur erfolgreiche Studenten gute Studenten. Der Bildungsanbieter sollte sich deshalb bemühen, einen positiven Einfluss auf den Bildungsfortschritt der Studierenden zu nehmen und hierzu unter anderem auch Beratungsangebote aufzubauen.

**Schlussfolgerungen**

Auf die Frage „Wie gut passen die Lernstile der Teilnehmer zu den Methoden des Fernstudiums?" müssen differenzierte Antworten gegeben werden. Einen einheitlichen Ansatz, der von allen Studierenden als ideales Konzept bewertet wird, kann es nicht geben. Zu unterschiedlich sind die Lernstile, zu verschiedenartig sind die Kombinationen von Lernstrategien, die zum Ziel führen. Erforderlich ist es deshalb, flexible Lernszenarien zu schaffen, die den Studierenden persönliche Perspektiven zur Individualisierung des Lernens bieten.

# 6 Anhang

## 6.1 Anhang 1: Fragebogen

In diesem Abschnitt sind Screenshots des vollständigen Online-Fragebogens aufgeführt.

## Screen 1: Lernstile – Konkrete Erfahrungen

| Konkrete Erfahrungen | | | | |
|---|---|---|---|---|
| 1. Hier geht es darum, in welcher Form Sie konkrete Erfahrungen im Rahmen Ihres Lernprozesses nutzen. Bitte geben Sie an, inwieweit Sie den folgenden Aussagen zustimmen. | | | | |
| | überhaupt nicht ⟵ | | ⟶ | in hohem Maße |
| a. Ich bevorzuge Lernsituationen, bei denen ich eine Sache an konkreten Aufgaben oder typischen Beispielen selber sehen oder erkunden kann. | ○ | ○ | ○ | ○ |
| b. Ich halte es für wenig hilfreich, gleich verallgemeinernd zu denken und theoretisierend vorzugehen. | ○ | ○ | ○ | ○ |
| c. Ich frage mehr nach der Eigenart jeder Sache, jedes Ereignisses oder einer Person und weniger danach, was sie mit anderen gemeinsam haben. | ○ | ○ | ○ | ○ |
| d. Ich gewinne am meisten aus dem Erfahrungsaustausch, aus den Rückmeldungen und Diskussionen mit Gleichgesinnten/Kommilitonen. | ○ | ○ | ○ | ○ |
| e. Ich orientiere mich eher an Menschen, die in der gleichen Lage sind wie ich, und höre weniger auf sogenannte Experten. | ○ | ○ | ○ | ○ |
| f. Was Experten vorzutragen haben, erreicht mich oft nicht, geht an mir und meinen Interessen vorbei. | ○ | ○ | ○ | ○ |
| g. Ich lerne am besten durch persönliche Kontakte. | ○ | ○ | ○ | ○ |
| h. Ich lerne am besten, wenn ich mich auf mein Gefühl verlasse. | ○ | ○ | ○ | ○ |
| i. Ich lerne am besten, wenn es mich persönlich betrifft. | ○ | ○ | ○ | ○ |
| j. Ich lerne am besten, wenn meine Spontanität angesprochen ist. | ○ | ○ | ○ | ○ |

Anhang

## Screen 2: Lernstile – Reflektierte Beobachtung

| Reflektierte Beobachtung | | | | |
|---|:---:|:---:|:---:|:---:|
| 2. Hier geht es darum, in welcher Form Sie Reflexionen und Beobachtungen im Rahmen Ihres Lernprozesses nutzen. Bitte geben Sie an, inwieweit Sie den folgenden Aussagen zustimmen. | | | | |
| | überhaupt nicht ⟵ | | ⟶ | in hohem Maße |
| a. Ich ziehe Lernsituationen vor, die es zulassen, mich erst allein und auf meine Weise mit einer Sache vertraut zu machen. | O | O | O | O |
| b. Ich halte mich mit Beurteilungen und Stellungnahmen zurück, bis ich mir einen Einblick verschafft habe und ausreichend Bescheid weiß. | O | O | O | O |
| c. Ich überlege und probiere vorher, wie ich eine Sache angehe, und lasse mich nicht gern unvorbereitet auf etwas ein. | O | O | O | O |
| d. Ich ergreife nicht so schnell Partei; im Streit der Meinungen versuche ich, möglichst lange ein neutraler, objektiver Beobachter zu bleiben. | O | O | O | O |
| e. Ich erspare mir gern durch gründliches Erkunden und kritisches Abwägen überflüssige Irrwege. | O | O | O | O |
| f. Ich lerne am besten, wenn ich zunächst sorgfältig beobachte und zuhöre. | O | O | O | O |
| g. Wenn ich lerne, betrachte ich vorher alle Seiten einer Aufgabe. | O | O | O | O |
| h. Wenn ich lerne, überlege ich genau, bevor ich handele. | O | O | O | O |
| i. Ich lerne am besten, wenn ich mich zurückhalte, bis ich Übersicht habe. | O | O | O | O |
| j. Ich lerne am besten, wenn ich gelassen an eine Sache herangehen kann. | O | O | O | O |

## Screen 3: Lernstile – Abstrakte Begriffsbildung

**Abstrakte Begriffsbildung**

3. Hier geht es darum, in welcher Form Sie durch abstrakte Begriffsbildungen Ihren Lernprozess unterstützen. Bitte geben Sie an, inwieweit Sie den folgenden Aussagen zustimmen.

|   | überhaupt nicht | | | in hohem Maße |
|---|---|---|---|---|
| a. Ich ziehe Lernsituationen vor, in denen ich die Struktur und die Zusammenhänge durchschauen kann, bei denen es klar ist, worauf es ankommt. | ○ | ○ | ○ | ○ |
| b. Ein Erfahrungsaustausch fängt erst dann an, mich zu interessieren, wenn es auch zu einer theoretischen Auswertung der Erfahrungen kommt. | ○ | ○ | ○ | ○ |
| c. Ich ziehe wenig Nutzen aus Lernsituationen, in denen man selber entdecken soll, was Fachleute bereits herausgefunden haben und vorstellen können. | ○ | ○ | ○ | ○ |
| d. Ich habe es gern, wenn systematische Analysen von Tatsachen und Theorien vorherrschen. | ○ | ○ | ○ | ○ |
| e. Ich bin erst zufrieden, wenn ich etwas "auf den Begriff" bringen kann. | ○ | ○ | ○ | ○ |
| f. Ich lerne am besten, wenn ich mich auf logische Überlegungen stützen kann. | ○ | ○ | ○ | ○ |
| g. Wenn ich lerne, löse ich Probleme durch Nachdenken. | ○ | ○ | ○ | ○ |
| h. Ich lerne am besten, wenn ich Probleme analysieren kann. | ○ | ○ | ○ | ○ |
| i. Wenn ich lerne, bin ich jemand, der kritisch bewertet. | ○ | ○ | ○ | ○ |
| j. Wenn ich lerne, bin ich jemand, der rational vorgeht. | ○ | ○ | ○ | ○ |

Anhang

## Screen 4: Lernstile – Aktives Experimentieren

| Aktives Experimentieren | | | | |
|---|:---:|:---:|:---:|:---:|
| 4. Hier geht es darum, in welcher Form Sie aktives Experimentieren im Rahmen Ihres Lernprozesses nutzen. Bitte geben Sie an, inwieweit Sie den folgenden Aussagen zustimmen. | | | | |
| | überhaupt nicht ⟵ | | ⟶ | in hohem Maße |
| a. Ich gewinne nicht viel aus Lernsituationen, in denen ich eine passive Rolle habe. | ○ | ○ | ○ | ○ |
| b. Für mich ist es eine Zumutung, wenn ich nur zuhören und lesen darf, was andere mir zu sagen haben. | ○ | ○ | ○ | ○ |
| c. Ich ziehe es vor, die Dinge selbst zu erproben und mich davon zu überzeugen, was möglich ist. | ○ | ○ | ○ | ○ |
| d. Ich beteilige mich gern aktiv an Diskussionen in kleineren Gruppen. | ○ | ○ | ○ | ○ |
| e. In einem Projekt mitzuarbeiten, ist für mich am besten geeignet. | ○ | ○ | ○ | ○ |
| f. Selber zu experimentieren und die Dinge praktisch vorzuführen, erspart viele Worte. | ○ | ○ | ○ | ○ |
| g. Ich lerne am besten, wenn ich Ergebnisse aus meiner Arbeit sehen kann. | ○ | ○ | ○ | ○ |
| h. Ich lerne am besten, wenn ich praktisch damit umgehen kann. | ○ | ○ | ○ | ○ |
| i. Ich lerne am besten, wenn ich Gelegenheit zum Ausprobieren habe. | ○ | ○ | ○ | ○ |
| j. Ich bin neugierig, den Dingen auf den Grund zu gehen. | ○ | ○ | ○ | ○ |

## Screen 5: Feedback zum Lernstil [dargestellt an einem exemplarischen Beispiel]

Feedback zu Ihrem Lernstil:

Die folgende Graphik stellt Ihre bevorzugten Lernpräferenzen dar. In der zweiten Graphik haben wir daraus Ihren Lernstil ermittelt. Jeder der vier Quadranten steht für einen Lernstil nach Kolb: **Divergierer, Assimilierer, Konvergierer** und **Akkomodierer**. Wenn Ihr Ergebnis nahe an einem Nachbarfeld liegt, ist von einem Mischtyp zu sprechen. Wenn Ihr Wert nahe am Mittelpunkt des Koordinatenkreuzes liegt, haben Sie einen ausbalancierten Lernstil, der von allen Kategorien hohe Anteile aufweist.

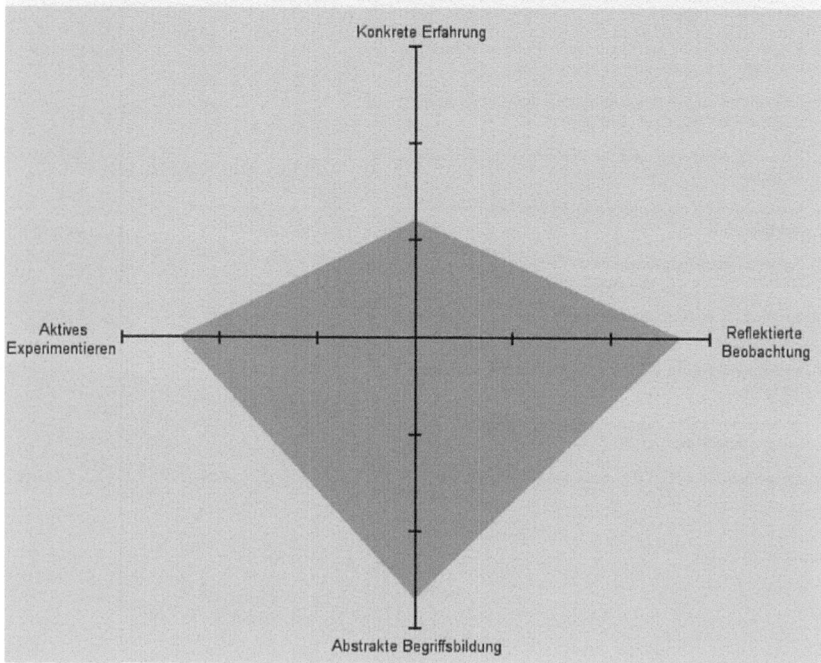

# Screen 5 [Fortsetzung]: Feedback zum Lernstil

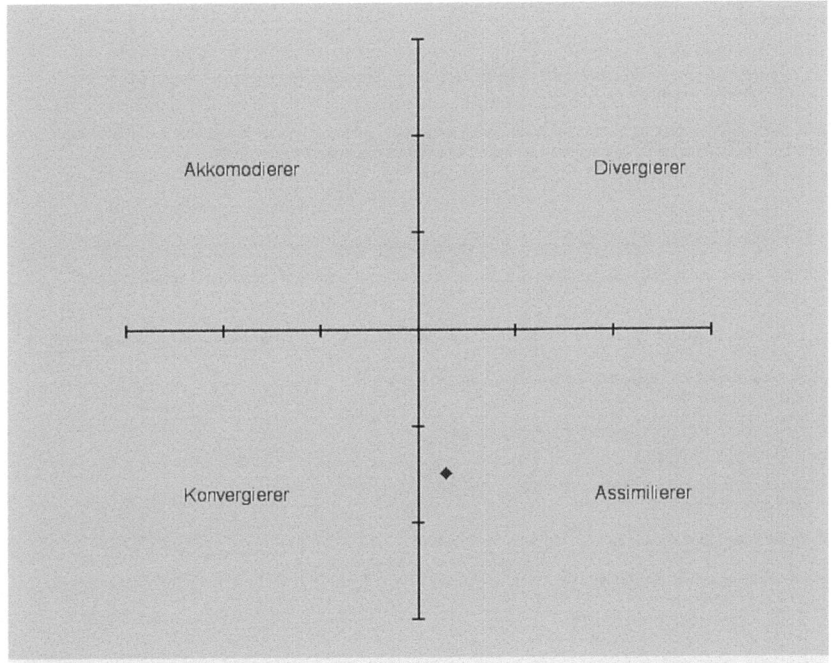

Für **Divergierer** ist das Fühlen und Wahrnehmen von konkreten Erfahrungen im Lernprozess von großer Bedeutung. Sie treffen Entscheidungen häufig eher intuitiv und finden den persönlichen Austausch beim Lernen sehr hilfreich. Weiterhin ist das reflektierte Beobachten und Nachvollziehen von Interaktionen und Situationen stark ausgeprägt. Ihre Stärke liegt darin konkrete Situationen und Lerninhalte aus vielen Perspektiven zu betrachten und solche Perspektivenwechsel fallen ihnen leicht. Sie haben breite kulturelle und häufig auch künstlerische Interessen. Lernsituationen, die die Kreativität anregen, sind für Divergierer häufig sehr hilfreich.

Die **Assimilierer** präferieren beim Lernen das reflektierte Beobachten und kombinieren es häufig mit einem analytischen Vorgehen. Dies bedeutet, dass ihre Stärke in der Anwendung von Logik und theoretischen Modellen liegt. Der zwischenmenschliche Austausch ist für den Assimilierer im Lernprozess nicht ganz so zentral wie die systematische Planung, die sorgfältige Analyse von Sachverhalten sowie der Umgang mit abstrakten Begriffen. Induktive Schlussfolgerungen sind bei ihm stark ausgeprägt. Sie lernen besonders gut, wenn sie einzelne Fakten zu Modellen integrieren können. Ihre Stärken liegen in der Entwicklung von übergeordneten Konzepten.

Die **Konvergierer** befassen sich gern mit Theorien und abstrakten Modellen, möchten jedoch besonders durch aktives Erproben verschiedener Optionen Einfluss auf Menschen und Situationen nehmen. Bei ihnen hat das Handeln, d.h. die praktische Anwendung, den größten Stellenwert im Lernprozess. Sie neigen eher zu deduktiven Schlussfolgerungen und haben großes Interesse an der Umsetzung von Ideen und Theorien in die Praxis. Sie befassen sich tendenziell lieber mit technischen oder wirtschaftlichen Sachverhalten, Theorien und Konzepten (die sie gern überprüfen) als mit personenzentrierten Aufgaben. Ihre große Stärke liegt in der praktischen Umsetzung von Ideen und Konzepten.

Die **Akkomodierer** erproben ebenfalls unterschiedliche Optionen gern in der Praxis. Sie konzentrieren sich jedoch auch intensiv auf konkrete Erfahrungen, wobei ihnen die menschliche Interaktion hierbei sehr wichtig ist. Akkomodierer verlassen sich auch im Lernprozess in höherem Maße auf Informationen, die sie von ihren Mitmenschen bekommen als auf eigene kognitive Analysen und handeln häufig eher intuitiv. Sie verlassen sich mehr auf einzelne Fakten als auf Theorien und spezialisieren sich oft in praktischen Tätigkeiten. Ihre Stärken liegen in der Ausgestaltung von Aktivitäten und darin, sich sehr schnell auf neue Situationen einstellen zu können.

## Screen 6: Lernstrategien – Organisation/Zusammenhänge

**Lernstrategien**

Die Lernstrategien sind so individuell wie die Lernenden selber. In den folgenden Fragen geht es nun darum, welche Lernstrategien Sie anwenden.

Bitte beachten Sie, dass es nicht die richtige Lernstrategie gibt und keine Antwort richtig oder falsch sein kann. Bitte beantworten Sie die Fragen so, dass sie Ihren Lernansatz am besten charakterisieren.

### Organisation

1. Bitte geben Sie im Folgenden an, inwieweit Sie den folgenden Aussagen zur Organisation Ihres Lernstoffes zustimmen können.

|  | stimme gar nicht zu ←—————→ stimme vollkommen zu |
|---|---|
| a. Ich fertige Tabellen, Diagramme oder Mind Maps an, um den Stoff zu strukturieren. | ○ ○ ○ ○ ○ ○ ○ |
| b. Ich mache mir kurze Zusammenfassungen der wichtigsten Inhalte aus den Lektionen. | ○ ○ ○ ○ ○ ○ ○ |
| c. Ich unterstreiche in den Lektionen oder Mitschriften die wichtigsten Stellen. | ○ ○ ○ ○ ○ ○ ○ |
| d. Ich ordne den Stoff so, dass ich ihn mir gut einprägen kann. | ○ ○ ○ ○ ○ ○ ○ |
| e. Ich orientiere mich an der Struktur der Lernmaterialien. | ○ ○ ○ ○ ○ ○ ○ |

### Zusammenhänge

2. Bitte geben Sie nun an, ob die folgenden Aussagen zur Bildung von Zusammenhängen im Lernstoff für Sie zutreffen.

|  | stimme gar nicht zu ←—————→ stimme vollkommen zu |
|---|---|
| a. Ich versuche, Beziehungen zu den Inhalten verwandter Fächer herzustellen. | ○ ○ ○ ○ ○ ○ ○ |
| b. Ich versuche in Gedanken, das Gelernte mit dem zu verbinden, was ich schon darüber weiß. | ○ ○ ○ ○ ○ ○ ○ |
| c. Ich denke mir konkrete Beispiele zu bestimmten Lerninhalten aus. | ○ ○ ○ ○ ○ ○ ○ |
| d. Ich beziehe das, was ich lerne, auf meine eigenen Erfahrungen. | ○ ○ ○ ○ ○ ○ ○ |
| e. Ich überlege mir, ob der Lernstoff auch für mein Berufsleben von Bedeutung ist. | ○ ○ ○ ○ ○ ○ ○ |

Anhang

## Screen 6 [Fortsetzung]: Lernstrategien: Kritisches Prüfen/Wiederholen

### Kritisches Prüfen

3. Bitte geben Sie nun an, inwieweit Sie das kritische Prüfen von Inhalten als Lern-Strategie verwenden.

stimme gar nicht zu ◄─────────► stimme vollkommen zu

a. Ich prüfe, ob die in einem Text dargestellten Theorien, Sachverhalte oder Schlussfolgerungen ausreichend begründet sind.   ○ ○ ○ ○ ○ ○ ○

b. Ich denke über Alternativen zu den Behauptungen oder Schlussfolgerungen in den Lerntexten nach.   ○ ○ ○ ○ ○ ○ ○

c. Der Stoff, den ich gerade bearbeite, dient mir als Ausgangspunkt für die Entwicklung eigener Ideen.   ○ ○ ○ ○ ○ ○ ○

d. Ich vergleiche häufig die Vor- und Nachteile verschiedener Konzeptionen und Ansätze.   ○ ○ ○ ○ ○ ○ ○

### Wiederholen

4. Bitte schätzen Sie nun ein, inwieweit Sie Einprägungen und Wiederholungen für das Lernen einsetzen.

stimme gar nicht zu ◄─────────► stimme vollkommen zu

a. Ich lerne den Lernstoff anhand der Lektionen oder anderer Aufzeichnungen möglichst auswendig.   ○ ○ ○ ○ ○ ○ ○

b. Ich wiederhole den Stoff anhand der vorgegebenen Kontrollfragen.   ○ ○ ○ ○ ○ ○ ○

c. Ich lerne eine selbst erstellte Übersicht mit den wichtigsten Inhalten auswendig.   ○ ○ ○ ○ ○ ○ ○

d. Ich lese einen Text durch und versuche, ihn mir am Ende jedes Abschnitts die Inhalte vorzusagen.   ○ ○ ○ ○ ○ ○ ○

e. Ich lerne Regeln, Fachbegriffe und (ggf.) Formeln oft einfach auswendig.   ○ ○ ○ ○ ○ ○ ○

## Screen 6 [Fortsetzung]: Lernstrategien: Anstrengung/Zeitmanagement/Lernumgebung

### Anstrengung

1. Bitte schätzen Sie nun ein, inwieweit Sie Anstrengungen in Kauf nehmen, um Lernziele zu erreichen. Bitte geben Sie hierfür an, inwieweit Sie den Aussagen zustimmen können.

|  | stimme gar nicht zu | | | | | | stimme vollkommen zu |
|---|---|---|---|---|---|---|---|
| a. Wenn ich mir ein bestimmtes Pensum zum Lernen vorgenommen habe, setze ich alles daran, es auch zu schaffen. | O | O | O | O | O | O | O |
| b. Ich gebe nicht auf, auch wenn der Stoff sehr schwierig oder komplex ist. | O | O | O | O | O | O | O |
| c. Vor der Prüfung nehme ich mir ausreichend Zeit, um den ganzen Stoff noch einmal durchzugehen. | O | O | O | O | O | O | O |
| d. Ich nehme mir mehr Zeit zum Lernen als die meisten meiner Studienkollegen. | O | O | O | O | O | O | O |

### Zeitmanagement

2. Bitte geben Sie nun an, inwieweit Sie den folgenden Aussagen zur Zeitplanung zustimmen können.

|  | stimme gar nicht zu | | | | | | stimme vollkommen zu |
|---|---|---|---|---|---|---|---|
| a. Ich lege die Stunden, die ich pro Woche mit Lernen verbringe, durch einen Zeitplan fest. | O | O | O | O | O | O | O |
| b. Ich lege bestimmte Zeiten fest, zu denen ich lerne. | O | O | O | O | O | O | O |
| c. Beim Lernen halte ich mich an meinen Zeitplan. | O | O | O | O | O | O | O |

### Lernumgebung

3. Geben Sie nun bitte an, in welcher räumlichen Umgebung Sie gewöhnlich für das Studium arbeiten.

|  | stimme gar nicht zu | | | | | | stimme vollkommen zu |
|---|---|---|---|---|---|---|---|
| a. Ich gestalte meine Lernumgebung so, dass ich möglichst wenig vom Lernen abgelenkt werde. | O | O | O | O | O | O | O |
| b. Zum Lernen sitze ich immer am selben Platz. | O | O | O | O | O | O | O |
| c. Mein Arbeitsplatz ist so gestaltet, dass ich alles schnell finden kann. | O | O | O | O | O | O | O |

## Screen 6 [Fortsetzung]: Lernstrategien: Austausch mit Studienkollegen/ Literatur

**Austausch mit Studienkollegen**

4. In den folgenden Aussagen geht es darum, ob und inwieweit Sie mit Studienkollegen zusammenarbeiten. Stimmen Sie den Aussagen zu?

| | stimme gar nicht zu | | | | | | stimme vollkommen zu |
|---|---|---|---|---|---|---|---|
| a. Ich nehme mir Zeit, um mit Studienkollegen über den Stoff zu diskutieren. | O | O | O | O | O | O | O |
| b. Ich vergleiche meine Unterlagen zur Prüfungsvorbereitung mit denen meiner Studienkollegen. | O | O | O | O | O | O | O |
| c. Wenn mir etwas nicht klar ist, so frage ich einen Studienkollegen um Rat. | O | O | O | O | O | O | O |

**Literatur**

5. Bitte geben Sie nun an, ob Sie den Aussagen zur Verwendung von Literatur und des Internets zustimmen

| | stimme gar nicht zu | | | | | | stimme vollkommen zu |
|---|---|---|---|---|---|---|---|
| a. Ich besorge mir weiterführende Literatur, wenn mir bestimmte Inhalte noch nicht ganz klar sind. | O | O | O | O | O | O | O |
| b. Wenn ich einen Fachbegriff nicht verstehe, so recherchiere ich im Internet. | O | O | O | O | O | O | O |
| c. Fehlende Informationen suche ich mir aus verschiedenen Quellen zusammen (z.B. Internet, Bücher, Fachzeitschriften). | O | O | O | O | O | O | O |

## Screen 6 [Fortsetzung]: Lernstrategien: Zielsetzung und Planung/Kontrolle/Regulation

### Zielsetzung und Planung

1. Diese Items erfassen, inwiefern Planungsstrategien im Lernprozess insbesondere im Hinblick auf die Lernziele eingesetzt werden.

|  | stimme gar nicht zu | | | | | | stimme vollkommen zu |
|---|---|---|---|---|---|---|---|
| a. Ich formuliere Lernziele, an denen ich dann mein Lernen ausrichte. | O | O | O | O | O | O | O |
| b. Ich mache mir vor dem Lernen Gedanken, wie ich lernen will. | O | O | O | O | O | O | O |
| c. Ich plane mein Vorgehen beim Lernen nicht. | O | O | O | O | O | O | O |

### Kontrolle

2. Wie kontrollieren Sie Ihren Lernfortschritt? Können Sie den folgenden Aussagen zustimmen?

|  | stimme gar nicht zu | | | | | | stimme vollkommen zu |
|---|---|---|---|---|---|---|---|
| a. Ich bearbeite systematisch alle Übungsaufgaben und Kontrollfragen. | O | O | O | O | O | O | O |
| b. Um Wissenslücken festzustellen, rekapituliere ich die wichtigsten Inhalte, ohne meine Unterlagen zur Hilfe zu nehmen. | O | O | O | O | O | O | O |
| c. Ich stelle mir Fragen zum Stoff, um zu überprüfen, ob ich alles verstanden habe. | O | O | O | O | O | O | O |
| d. Ich erzähle einem Dritten die wichtigsten Inhalte des Lernstoffes, damit ich merke, wo ich Lücken habe. | O | O | O | O | O | O | O |

### Regulation

3. Bitte geben Sie nun an, inwieweit Sie von vorher festgelegten Lernstrategien auch mal abweichen.

|  | stimme gar nicht zu | | | | | | stimme vollkommen zu |
|---|---|---|---|---|---|---|---|
| a. Wenn ich merke, dass ich besser zuerst etwas anderes lernen sollte, ändere ich die Abfolge entsprechend. | O | O | O | O | O | O | O |
| b. Ich verändere meine Lernpläne, wenn ich merke, dass sie sich nicht umsetzen lassen. | O | O | O | O | O | O | O |
| c. Wenn ich merke, dass ich etwas falsch verstanden habe, arbeite ich diesen Teil noch mal durch. | O | O | O | O | O | O | O |

Anhang

## Screen 7: Lernerfolg – Motivation/Konzentration

**Lernerfolg**

Nachdem Sie angegeben haben, wie Sie lernen, interessiert uns jetzt noch, wie Sie Ihren persönlichen Lernerfolg einschätzen. Bitte gehen Sie hierbei so objektiv wie möglich vor - die Daten werden vollkommen anonym gespeichert.

Bitte beantworten Sie zudem noch einige Fragen zu Ihrer eigenen Motivation und Ihrem Umfeld.

**Motivation**

1. Motivation wird ein großer Einfluss auf den Lernerfolg nachgesagt. Bitte geben Sie an, wie stark Sie den folgenden Aussagen zustimmen. Hierbei gibt es kein Gut oder Schlecht.

|  | stimme gar nicht zu | | | | | | stimme voll- kommen zu |
|---|---|---|---|---|---|---|---|
| a. Im Vergleich zu meinen Mit-Studierenden bin ich höher motiviert. | ○ | ○ | ○ | ○ | ○ | ○ | ○ |
| b. Was ich im Studium erreichen will, das schaffe ich auch. | ○ | ○ | ○ | ○ | ○ | ○ | ○ |
| c. Ich will mein Studium unbedingt schaffen und mache alles, was nötig ist. | ○ | ○ | ○ | ○ | ○ | ○ | ○ |

**Konzentration**

2. Auch die Fähigkeit, sich zu konzentrieren, könnte den Lernerfolg beeinflussen. Bitte nehmen Sie daher zu den folgenden Aussagen in der gewohnten Form Stellung.

|  | stimme gar nicht zu | | | | | | stimme voll- kommen zu |
|---|---|---|---|---|---|---|---|
| a. Wenn ich lerne, lasse ich mich nicht so leicht ablenken. | ○ | ○ | ○ | ○ | ○ | ○ | ○ |
| b. Beim Lernen bin ich konzentriert bei der Sache - meine Gedanken schweifen nicht so leicht ab. | ○ | ○ | ○ | ○ | ○ | ○ | ○ |
| c. Ich kann mich langanhaltend auf eine Sache konzentrieren. | ○ | ○ | ○ | ○ | ○ | ○ | ○ |

## Screen 7: Soziales Umfeld/Wahrgenommener Lernerfolg

### Soziales Umfeld

3. Neben Motivation und Konzentration spielen auch die Menschen in unserem Umfeld eine wichtige Rolle. Können Sie den folgenden Aussagen zu Ihrem sozialen Umfeld zustimmen?

*stimme gar nicht zu* ←——————→ *stimme vollkommen zu*

| | | | | | | | |
|---|---|---|---|---|---|---|---|
| a. Meine Freunde und Familie finden es gut, dass ich ein Studium mache. | ○ | ○ | ○ | ○ | ○ | ○ | ○ |
| b. Meine Freunde und Familie haben Verständnis dafür, dass ich oft und viel Lernen muss. | ○ | ○ | ○ | ○ | ○ | ○ | ○ |
| c. Meine Freunde und Familie unterstützen und motivieren mich bei meinem Studium. | ○ | ○ | ○ | ○ | ○ | ○ | ○ |

### Lernerfolg

4. Und jetzt das Wichtigste: Bitte schätzen Sie Ihren Lernerfolg ein, indem Sie angeben, ob und inwieweit Sie den folgenden Aussagen zustimmen.

*stimme gar nicht zu* ←——————→ *stimme vollkommen zu*

| | | | | | | | |
|---|---|---|---|---|---|---|---|
| a. Ich bin mit meinen Leistungen im Studium zufrieden. | ○ | ○ | ○ | ○ | ○ | ○ | ○ |
| b. Ich habe in meinem Studium schon viel gelernt. | ○ | ○ | ○ | ○ | ○ | ○ | ○ |
| c. Im Vergleich zu meinen Mitstudierenden erziele ich bessere Noten. | ○ | ○ | ○ | ○ | ○ | ○ | ○ |
| d. Im Vergleich zu meinen Studien-Kollegen schaffe ich mehr Module in der gleichen Zeit. | ○ | ○ | ○ | ○ | ○ | ○ | ○ |

Anhang                                                                                                        125

## Screen 8: Biographische Einflüsse – Kindheit

**Biographische Einflüsse**

Die Lernpräferenzen als Erwachsener können davon abhängen, womit man sich in vorherigen Lebensphasen intensiv beschäftigt hat. Wie ist das bei Ihnen?

Wie oft haben Sie sich in Ihrer **Kindheit** (ca. bis zum 10. Lebensjahr) in folgender Weise beschäftigt und wer hat Sie dazu angeregt?

| Beschäftigt habe ich mich mit ... | nie ←——→ oft | | | | | Angeregt oder unterstützt haben mich (mehrere Angaben möglich): | | | | |
|---|---|---|---|---|---|---|---|---|---|---|
| | | | | | | meine Eltern | Geschwister/ andere Erwachsene | Schule | Freunde/ Vereine | niemand |
| Lesen | ○ | ○ | ○ | ○ | ○ | ☐ | ☐ | ☐ | ☐ | ☐ |
| Basteln, bauen, experimentieren, handarbeiten | ○ | ○ | ○ | ○ | ○ | ☐ | ☐ | ☐ | ☐ | ☐ |
| Malen und musizieren | ○ | ○ | ○ | ○ | ○ | ☐ | ☐ | ☐ | ☐ | ☐ |
| Denk- und Strategie-Spiele | ○ | ○ | ○ | ○ | ○ | ☐ | ☐ | ☐ | ☐ | ☐ |
| Gespräche führen | ○ | ○ | ○ | ○ | ○ | ☐ | ☐ | ☐ | ☐ | ☐ |
| Selbst Neues ausprobieren und austüfteln | ○ | ○ | ○ | ○ | ○ | ☐ | ☐ | ☐ | ☐ | ☐ |

## Screen 8: Biographische Einflüsse – Jugend

Wie oft haben Sie sich in Ihrer **Jugend** (ca. bis zum 18. Lebensjahr) in folgender Weise beschäftigt?

Beschäftigt habe ich mich mit ...  Angeregt oder unterstützt haben mich (mehrere Angaben möglich):

| | nie ←――――→ oft | meine Eltern | Geschwister/ andere Erwachsene | Schule/ Ausbildung | Freunde/ Vereine | niemand |
|---|---|---|---|---|---|---|
| Lesen | ○ ○ ○ ○ ○ | ☐ | ☐ | ☐ | ☐ | ☐ |
| Basteln, bauen, experimentieren, handarbeiten | ○ ○ ○ ○ ○ | ☐ | ☐ | ☐ | ☐ | ☐ |
| Malen und musizieren | ○ ○ ○ ○ ○ | ☐ | ☐ | ☐ | ☐ | ☐ |
| Denk- und Strategie-Spiele, logisch-abstrakt denken | ○ ○ ○ ○ ○ | ☐ | ☐ | ☐ | ☐ | ☐ |
| Gespräche und Diskussionen führen | ○ ○ ○ ○ ○ | ☐ | ☐ | ☐ | ☐ | ☐ |
| Selbst Neues ausprobieren und austüfteln | ○ ○ ○ ○ ○ | ☐ | ☐ | ☐ | ☐ | ☐ |

## Screen 8: Biographische Einflüsse – Erwachsener

Wie oft haben Sie sich als **Erwachsener** in folgender Weise beschäftigt?

Beschäftigt habe ich mich mit ...  Angeregt oder unterstützt haben mich (mehrere Angaben möglich):

| | nie ←――――→ oft | Partner | Studium | Beruf | Freunde/ Vereine | niemand |
|---|---|---|---|---|---|---|
| Lesen | ○ ○ ○ ○ ○ | ☐ | ☐ | ☐ | ☐ | ☐ |
| Basteln, bauen, experimentieren, handarbeiten | ○ ○ ○ ○ ○ | ☐ | ☐ | ☐ | ☐ | ☐ |
| Malen und musizieren | ○ ○ ○ ○ ○ | ☐ | ☐ | ☐ | ☐ | ☐ |
| logisch-abstrakt denken, Probleme lösen | ○ ○ ○ ○ ○ | ☐ | ☐ | ☐ | ☐ | ☐ |
| Gespräche und Diskussionen führen | ○ ○ ○ ○ ○ | ☐ | ☐ | ☐ | ☐ | ☐ |
| Selbst Neues ausprobieren und austüfteln | ○ ○ ○ ○ ○ | ☐ | ☐ | ☐ | ☐ | ☐ |

Anhang 127

## Screen 9: Lernpräferenzen

Erwachsene haben unterschiedliche **Lernpräferenzen**. Wie ist das bei Ihnen?

**Ich lerne lieber...**

| ... in einer Gruppe | ○ | ○ | ○ | ○ | ○ | ... alleine |
| ... eigenständig (aus Büchern, Lernheften etc.) | ○ | ○ | ○ | ○ | ○ | ... angeleitet (z.B. im einem Seminar) |
| ... am Block (z.B. ein komplettes Wochenende) | ○ | ○ | ○ | ○ | ○ | ... verteilt (z.B. 4 Tage die Woche einige Stunden) |

## Screen 10: Soziodemographie

**Soziodemographie**

| a. Geschlecht | Auswahl |
|---|---|
| b. Alter | Auswahl |
| c. Familienstand | Auswahl |
| d. Umfang der Berufstätigkeit | Auswahl |
| e. Ihre Studienrichtung | Auswahl |
| f. Welchen höchsten Bildungsabschluss besitzen Sie? | Auswahl |
| g. Welchen höchsten Bildungsabschluss besitzt Ihr Vater? | Auswahl |
| h. Welchen höchsten Bildungsabschluss besitzt Ihre Mutter? | Auswahl |
| i. Können wir Sie eventuell auch noch für ein kurzes Interview gewinnen? Dann tragen Sie hier bitte Ihre E-Mail-Adresse ein. | |

## 6.2 Anhang 2: Eckdaten zu den Befragten der quantitativen Erhebung

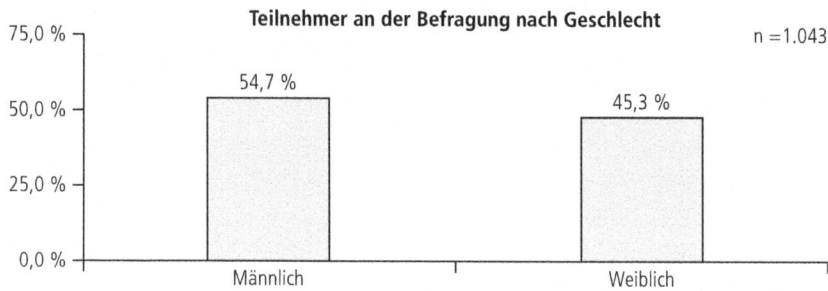

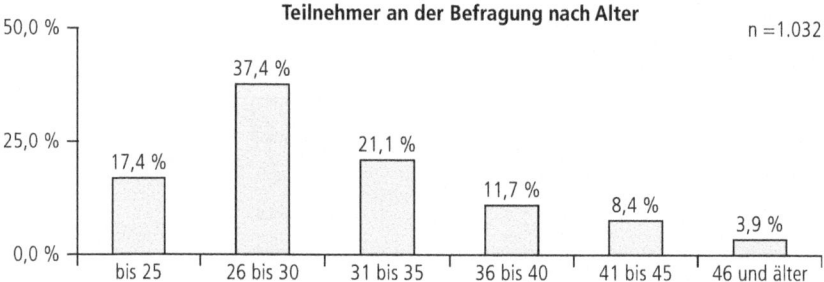

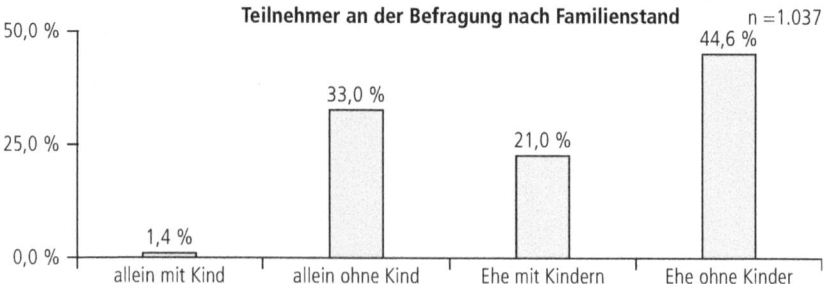

# Anhang

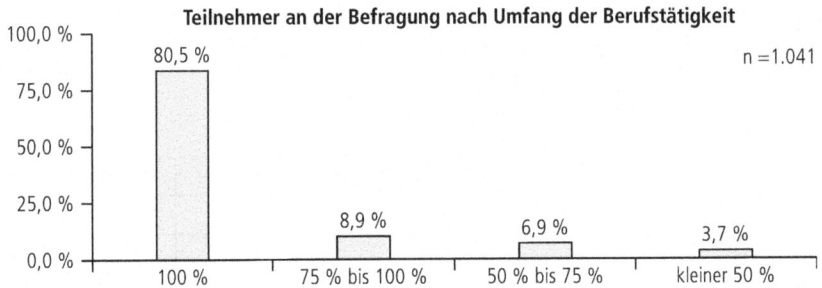

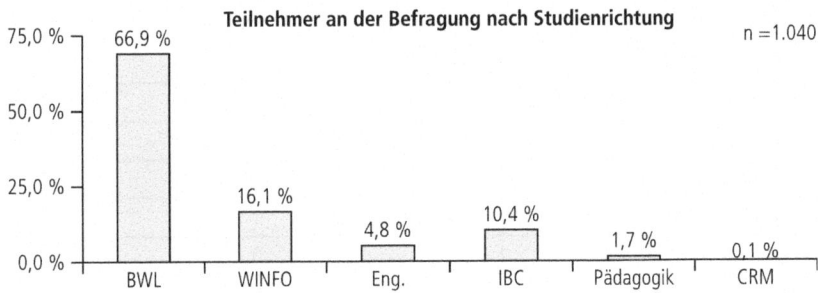

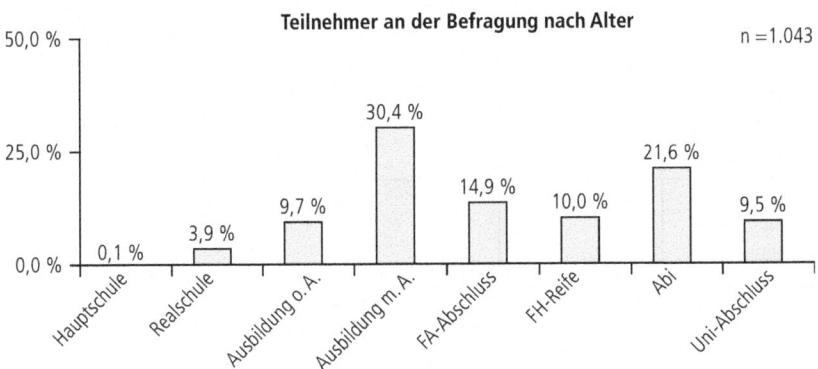

## 6.3 Anhang 3: Eckdaten zu den Befragten der qualitativen Erhebung

**Geschlecht**

|  | Akkomodierer | Divergierer | Konvergierer | Assimilierer |
|---|---|---|---|---|
| Männer | 3 | 1 | 3 | 2 |
| Frauen | 4 | 4 | 2 | 2 |
| Summe | 7 | 5 | 5 | 4 |

**Alter**

|  | Akkomodierer | Divergierer | Konvergierer | Assimilierer |
|---|---|---|---|---|
| Bis 25 | 0 | 0 | 2 | 0 |
| 26 bis 30 | 1 | 1 | 1 | 0 |
| 31 bis 35 | 3 | 1 | 1 | 2 |
| 36 bis 40 | 0 | 1 | 0 | 2 |
| 41 bis 45 | 2 | 2 | 1 | 0 |
| 46 plus | 1 | 0 | 0 | 0 |
| Summe | 7 | 5 | 5 | 4 |

**Studienrichtung**

|  | Akkomodierer | Divergierer | Konvergierer | Assimilierer |
|---|---|---|---|---|
| Betriebswirtschaft | 5 | 3 | 2 | 3 |
| Wirtschaftsinformatik | 1 | 0 | 2 | 1 |
| International Business Communication | 0 | 2 | 0 | 0 |
| Pädagogik | 1 | 0 | 0 | 0 |
| Engineering | 0 | 0 | 1 | 0 |
| Summe | 7 | 5 | 5 | 4 |

**Ausmaß der Berufstätigkeit (in Prozent)**

|         | Akkomodierer | Divergierer | Konvergierer | Assimilierer |
|---------|--------------|-------------|--------------|--------------|
| 100     | 3            | 3           | 5            | 3            |
| 75–100  | 2            | 1           | 0            | 1            |
| 50–74   | 1            | 1           | 0            | 0            |
| k. A.   | 1            | 0           | 0            | 0            |
| Summe   | 7            | 5           | 5            | 4            |

## 6.4 Anhang 4: Interviewleitfaden

**Einleitendes Gespräch**

– Dank für Beteiligung an Befragung
– Aufzeichnung des Gesprächs *(Einverständnis einholen)*
– Hinweis auf Publikation der Forschungsergebnisse

**1   Einstellungen, Emotionen und Motivation**

1.1   Was bedeutet Lernen für Sie?
1.2   Welche Gefühle verbinden Sie damit?
1.3   Welche Einstellung haben Sie dazu?
1.4   Haben Sie Freude am Lernen?
1.5   Wann macht Ihnen Lernen Spaß? Können Sie eine gute Situation beschreiben?
1.6   Sind Sie beim Lernen manchmal frustriert? Beschreiben Sie eine typische Situation, in der Sie frustriert sind.
1.7   Wie motivieren Sie sich, wenn Sie keine Lust mehr haben, zu lernen?

**2   Validierung des Lerntyps**

2.1   In der Online-Befragung haben Sie erfahren, dass Sie aufgrund Ihrer individuellen Lernpräferenzen einen ganz bestimmten Lernstil aufweisen. Sie sind ein Akkomodierer (Divergierer, Konvergierer, Assimilierer)! *Lernstil kurz beschreiben.*
Stimmt diese Einschätzung? Finden Sie sich in der Beschreibung wieder?
2.2   Fallen Ihnen Lernsituationen ein, die den Beschreibungen Ihres Lerntyps ziemlich genau entsprechen? Wenn ja, könnten Sie diese Beispiele kurz erläutern?
2.3   War irgendetwas besonders zutreffend an der Beschreibung Ihres Lernstils? Wenn ja, was?
2.4   War etwas besonders unzutreffend? Wenn ja, was?

## 3 Werdegang/Ausbildung

3.1 Wann wurden Sie geboren?
3.2 Wo sind Sie aufgewachsen?
3.3 Welchen Beruf hatte Ihr Vater?
3.4 Welchen Beruf hatte Ihre Mutter?
3.5 Haben Sie Geschwister? Wie viele? Älter/jünger?
3.6 Wer von Ihrer engeren Familie hat studiert?
3.7 Welche Schulen haben Sie besucht?
3.8 Mit welchem Abschluss haben Sie Ihre Schullaufbahn beendet?
3.9 Haben Sie eine Berufsausbildung absolviert?
3.10 Haben Sie schon einmal ein Studium begonnen?
3.11 Wie haben Sie Ihr Erststudium abgeschlossen? Oder: Warum haben Sie Ihr Studium abgebrochen?

## 4 Berufliche Situation

4.1 Welchen Beruf üben Sie aus?
4.2 Wie viele Wochenstunden arbeiten Sie durchschnittlich?
4.3 Sind Sie angestellt oder selbstständig?
4.4 Haben Sie Personalverantwortung? Wie viele Mitarbeiter?
4.5 Wie sieht es aus in Ihrem unmittelbaren beruflichen Umfeld? Haben die meisten Ihrer Kollegen studiert?
4.6 Unterstützt Sie Ihr Arbeitgeber in irgendeiner Weise?

## 5 Motivation (Triebkräfte, Hindernisse)

5.1 Was hat Sie bewogen, neben dem Beruf zu studieren?
5.2 Was erhoffen Sie sich von einem Studienabschluss?
5.3 Die Entscheidung, zu studieren, trifft man nie ganz alleine. Wer hat Sie darin bestärkt? Wer unterstützt Sie im Studium?
5.4 Gibt es Menschen in Ihrem Umfeld, die nichts von Ihrem Studium halten?
5.5 Bitte ordnen Sie die Motive für ein Studium nach Wichtigkeit und nennen Sie das Wichtigste zuerst:
   *Bitte Notizen machen!*
   - **Weiterkommen:** Arbeite auf eine ganz bestimmte Stelle hin: Weiterkommen im derzeitigen Beruf (ohne Studium geht es nicht weiter).
   - **Wechseln:** Bin mit meinem derzeitigen Beruf nicht zufrieden, möchte wechseln.
   - **Ansehen:** Höheres Ansehen mit Studienabschluss (Eltern, Partner, Kollegen und/oder Freunde haben studiert).
   - **Verdienst:** Bessere Verdienstmöglichkeiten (hier evtl. nachfragen, ob es spezielle Gründe für den Wunsch nach mehr Verdienst gibt, z. B. Familiengründung, teures Hobby?)

- Zukunftssicherung (Angst vor Arbeitslosigkeit).
- Spaß am Lernen.
- Freie Zeit nutzen (arbeitslos, Elternzeit, halbe Stelle, Beruf lastet nicht aus).
- Studium abgebrochen: Man möchte sich selber beweisen, dass man das schafft.

5.6 Gibt es Situationen, in denen Sie im Beruf merken, dass es sich lohnt, zu studieren? Können Sie mir eine typische Situation beschreiben?

5.7 Macht Sie Ihr im Studium erworbenes Wissen sicherer und/oder selbstbewusster in beruflichen Entscheidungssituationen?

## 6 Familiäre Situation, Motivation

Fragen werden in Abhängigkeit der angegebenen soziodemographischen Merkmale gestellt.

6.1 Wie viele Personen wohnen in Ihrem Haushalt?
6.2 Ist Ihr Partner berufstätig? Studiert er/sie?
6.3 Haben Sie Kinder? Wie alt sind sie?
6.4 Wer betreut die Kinder?
6.5 Wer übernimmt die Hausarbeit?
6.6 Haben Sie sonstige familiäre Verpflichtungen (Pflege der Eltern oder Ähnliches)?

## 7 Work-Life-Balance

7.1 Wie verbringen Sie Ihre Freizeit? Gibt es zeitintensive Aktivitäten, z. B. Sport, Hobbys, Mitglied im Verein, Ehrenämter oder Sonstiges?
7.2 Wie viel Zeit wenden Sie in der Woche dafür auf?
7.3 Mussten Sie wegen des Studiums etwas aufgeben, was Ihnen lieb und teuer ist?

## 8 Reflektion: Ursachen des Lernverhaltens/Validierung Lernstrategien/ Strategien für den Lernerfolg

8.1 Gibt es für Sie Schlüsselerlebnisse, also prägende Bildungserfahrungen, Erlebnisse, Menschen und Institutionen, die Ihr Lernverhalten geprägt haben?
8.2 Welche beruflichen Erfahrungen bringen Sie mit, die Ihnen beim Lernen helfen?
8.3 Folgende Lernstrategien sind bei Ihnen besonders ausgeprägt ......(Ergebnisse aus der Online-Befragung vorlesen). Wie erklären Sie sich das? Wie kam es dazu? Wie haben Sie gelernt, sich so zu verhalten?
8.4 Unter welchen Umständen können Sie besonders gut lernen? Bitte Situation beschreiben!

8.5 Unter welchen Umständen können Sie nicht gut lernen? Bitte Situation beschreiben! (Evtl. Bezug auf Antwort zu 1.6 nehmen: Situation wachrufen, in der der Proband beim Lernen Frustration empfindet.)
8.6 Was hätten Sie in so einer Situation gebraucht?
8.7 Wie könnte Ihnen die Hochschule dabei helfen? (Konkreten Bezug auf die Antwort zu 8.6 nehmen.) Gibt es etwas, womit die Hochschule eine solche Situation verbessern könnte?

**Abschluss des Interviews:**

– Danke für das Gespräch.
– Bitte um Kontakt, falls noch ergänzende Informationen einfallen.

## 6.5 Anhang 5: Berechnung der Zuordnung zu Lernstiltypen

Im Online-Fragebogen werden vier Frageblöcke abgefragt: Konkrete Erfahrung (KE), Reflektiertes Beobachten (RB), Abstrakte Begriffsbildung (AB) und Aktives Experimentieren (AE).

Zunächst wird der KE-Wert als Mittelwert der Items zu KE gebildet. Analog erfolgen die Berechnungen für den RB-Wert, den AB-Wert und den AE-Wert.

Um dann die Lernstile zu ermitteln, werden die Differenzen berechnet, die in der Grafik aufgeführt sind, also AE-RB und KE-AB.

Durch diese Rechenvorgänge wird für jeden Teilnehmer ein eindeutiger Wert bestimmt.

|  | Konkrete Erfahrung (KE) |  |
|---|---|---|
|  | **Akkomodierer** | **Divergierer** |
| Aktives Experimentieren (AE) | (AE) – (RB) | Reflektierendes Beobachten (RB) |
|  | (KE) – (AB) |  |
|  | **Konvergierer** | **Assimilierer** |
|  | Abstrakte Begriffsbildung (AB) |  |

## 6.6 Anhang 6: Verteilung der Lernstiltypen

Verteilung der Befragten – Divergierer

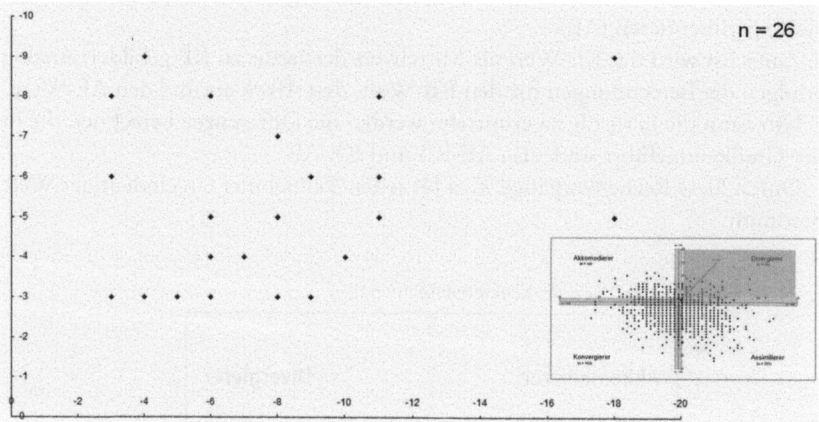

Verteilung der Befragten – Assimilierer

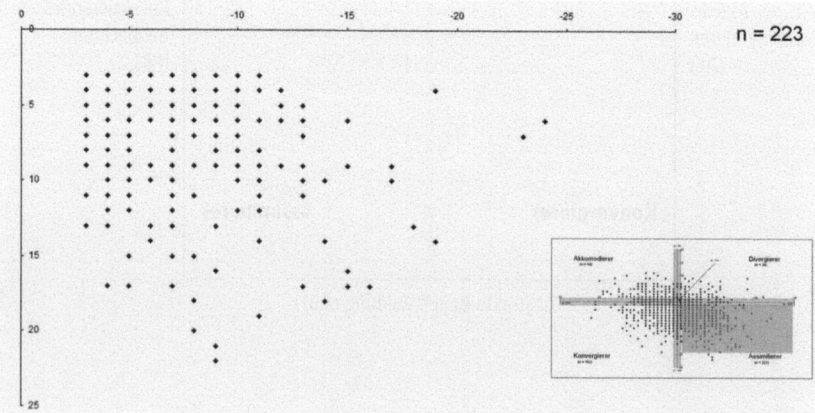

# Anhang

## Verteilung der Befragten – Konvergierer

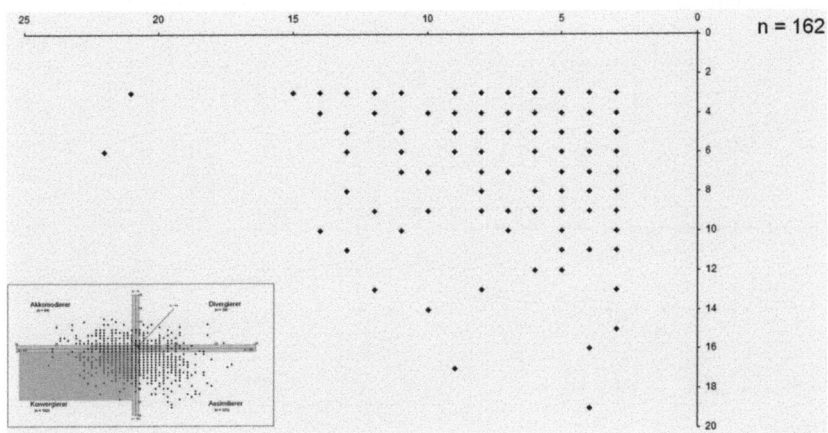

n = 162

## Verteilung der Befragten – Akkomodierer

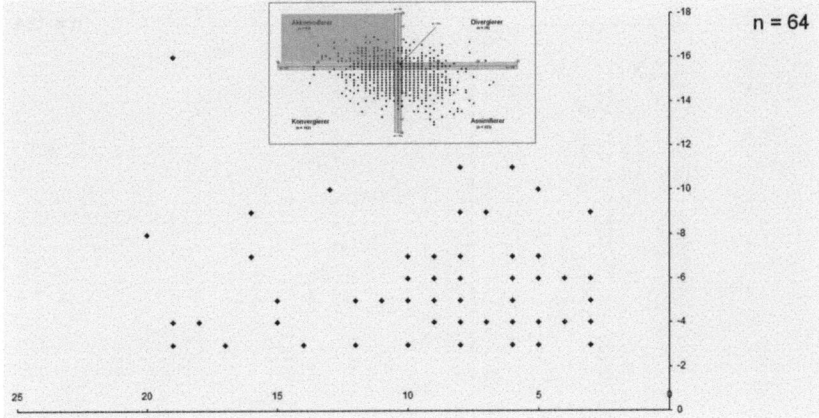

n = 64

## Verteilung der Befragten – Divergierer/Assimilierer

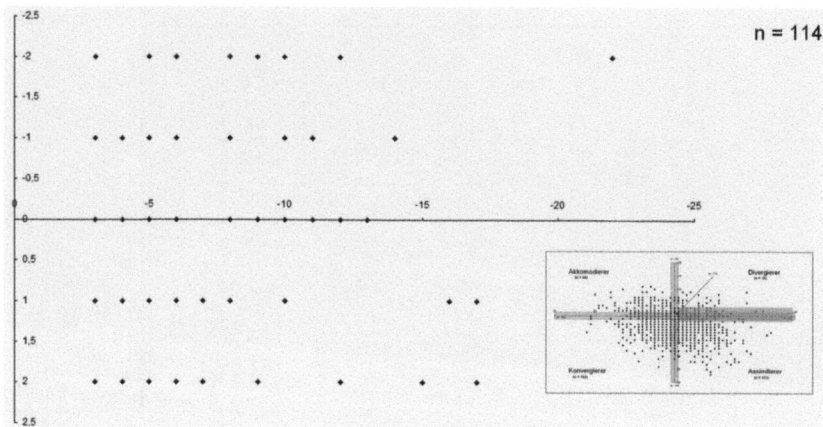

## Verteilung der Befragten – Assimilierer/Konvergierer

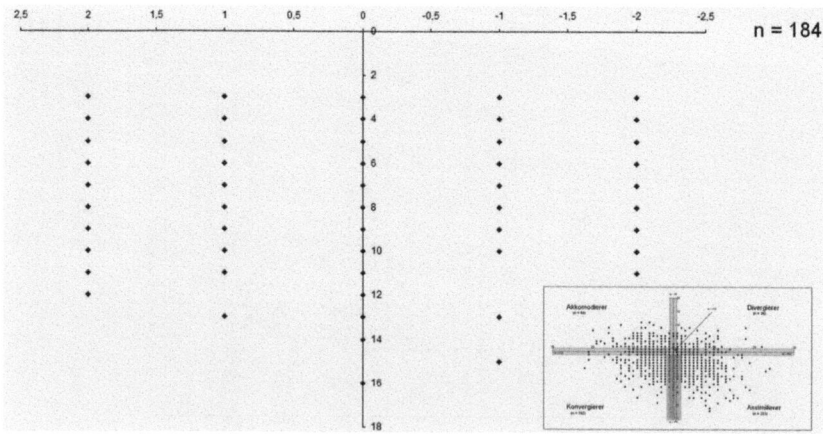

Anhang                                                                                      139

## Verteilung der Befragten – Konvergierer/Akkomodierer

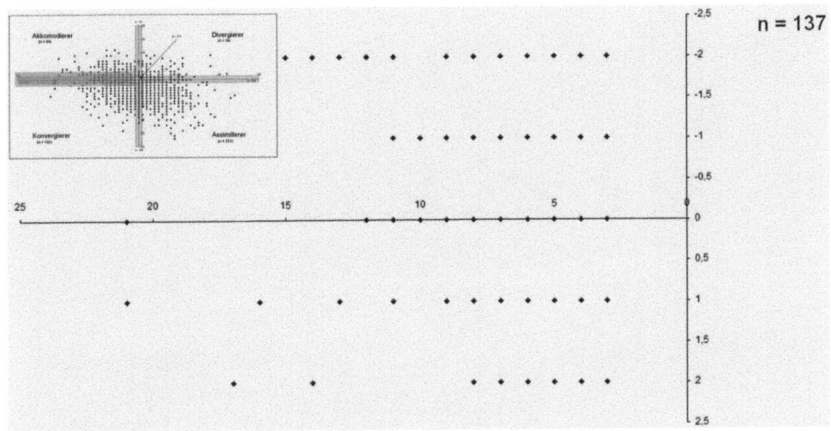

## Verteilung der Befragten – Akkomodierer/Divergierer

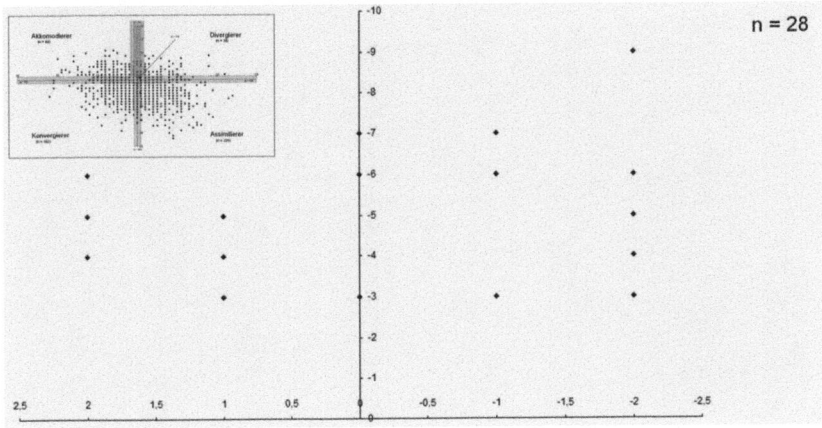

## Verteilung der Befragten – Mitteltyp

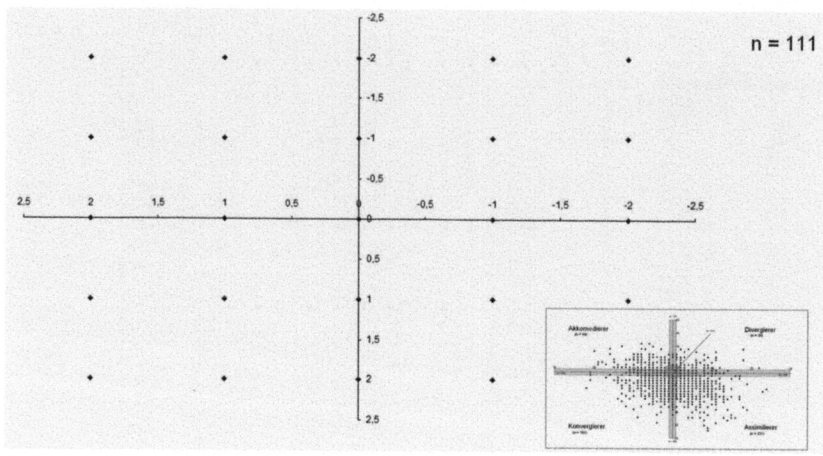

n = 111

## 6.7 Anhang 7: Über die Autoren

Dr. GARDENIA ALONSO ist Professorin für International Business Communication an der AKAD University Stuttgart. Sie studierte und arbeitete in Paris, Saarbrücken, Monterey (USA) und promovierte in Göttingen. An der Universität Göttingen leitete sie die Zentrale Einrichtung für Sprachen und Schlüsselkompetenzen und das Zertifikatsprogramm „Qualität und Kompetenz in der Lehre". Die Autorin unterstützt Wirtschaftsunternehmen, Organisationen und Hochschulen als Trainerin, Beraterin und Coach. Sie verfügt über eine langjährige Praxis- und Lehrerfahrung u. a. in den Bereichen Fremdsprachen, Kommunikation, interkulturelles Management und Hochschuldidaktik.

Dr. MARIANNE BLUMENTRITT ist Professorin für Allgemeine Betriebswirtschaftslehre, Unternehmensführung und International Management an der AKAD University Stuttgart. Nach ihrer Promotion zum Thema „Imagepolitik gesetzlicher Krankenversicherungen" an der Universität zu Köln (1993) übernahm sie die Geschäftsleitung eines mittelständischen Unternehmens. Sie wirkte als Lehrbeauftragte bei mehreren Instituten und Weiterbildungsträgern und verfügt über eine langjährige Lehrerfahrung in den Bereichen marktorientierte Unternehmensführung, internationales Management und Marketing. Neben ihrer Lehrtätigkeit an der Hochschule ist sie als Unternehmensberaterin tätig. Sie berät Mittelstandsunternehmen und Non-Profit-Organisationen in den Themenfeldern Unternehmensführung, Marketing, Internationalisierung und Weiterbildung.

Dr. TORSTEN OLDEROG ist Professor an der AKAD University Stuttgart. Torsten Olderog studierte an der Christian-Albrechts-Universität zu Kiel Betriebswirtschaftslehre, quantitative Richtung, mit Schwerpunkten auf Marketing und Rechnungswesen sowie Statistik und Ökonometrie. Im Anschluss ging er an den Lehrstuhl für Unternehmensführung und Unternehmensentwicklung an der Privaten Universität Witten/Herdecke. Seine dortigen Forschungsergebnisse publizierte Torsten Olderog in verschiedenen namhaften wissenschaftlichen Magazinen. Nach Abschluss seiner Promotion arbeitet der Autor als selbstständiger Unternehmensberater mit den Tätigkeitsschwerpunkten Marketing und Unternehmensgründung.

Dr. ROLAND SCHWESIG ist Professor für Wirtschaftsinformatik an der AKAD University Stuttgart. Er unterstützt darüber hinaus als Unternehmensberater IT-Unternehmen, Banken und Versicherungen bei der Entwicklung komplexer Internet-Anwendungen. Mehrere Internet-Lösungen, an deren Konzeption Prof. Dr. Roland Schwesig maßgeblich mitgearbeitet hat, sind ausgezeichnet worden. So erhielt zum Beispiel ein integriertes System für das Bildungsmanagement den Deutschen Bildungsmedienpreis und ein System für Online-Banking wurde als beste Banken-Anwendung im deutschsprachigen Raum bewertet.

# Quellenverzeichnis

Alonso, G. (2009):
Kompetenzförderung an der Hochschule. Eine hochschuldidaktische Konzeption von Lernszenarien zur integrativen Vermittlung von Schlüsselkompetenzen. Göttingen: Sierke Verlag.

Backhaus, K.; Erichson, B.; Plinke, W.; Weiber, R. (2010):
Multivariate Analysemethoden: Eine anwendungsorientierte Einführung. 13. Auflage. Berlin: Springer Verlag.

Baumgartner, P.; Payr, S. (1994):
Lernen mit Software. Innsbruck: StudienVerlag.

bmb+f, Bundesministerium für Bildung, Wissenschaft, Forschung und Technologie (1998):
Selbstgesteuertes Lernen – Möglichkeiten, Beispiele, Lösungsansätze, Probleme. Bonn: Thenée Druck.

Boekaerts, M. (1996):
Self-regulated learning at the junction of cognition and motivation. European Psychologist, 1, S. 100–112.

Boerner, S.; Seeber, G.; Keller, H.; Beinborn (2005):
Lernstrategien und Lernerfolg im Studium: Zur Validierung der LIST bei berufstätigen Studierenden. In: Zeitschrift für Entwicklungspsychologie und Pädagogische Psychologie 37, 1. S. 17–26.

De Souza Ide, M. H. (2004):
Lernkonzept und Lernstil von brasilianischen Lehramtsstudenten unter besonderer Berücksichtigung der Typologien von Kolb, Schmeck und Pask. Göttingen: Cuvillier.

Flick, U. (2011):
Das episodische Interview. In: Oelerich, G.; Otto, H.-U. (Hrsg.): Empirische Forschung und Soziale Arbeit. Wiesbaden: VS Verlag für Sozialwissenschaften. S. 273–280.

Friedrich, H. F.; Mandl, H. (1995):
Analyse und Förderung selbstgesteuerten Lernens. In: Weinert, F. E.; Mandl, H. (Hrsg.) (1995): Psychologie der Erwachsenenbildung (Enzyklopädie der

Psychologie), D, Serie 1, Pädagogische Psychologie, Bd. 4, Göttingen: Hogrefe. S. 238–293.

Edding, F. (1969):
Planung und Forschung auf dem Gebiet der beruflichen Bildung. In: Archiv für Berufsbildung. S. 13–32.

Entwistle, N. J.; Marton, F. (1994):
Knowledge objects: Understandings constituted through intensive academic study. British Journal of Educational Psychology, 64, S. 161–178.

Entwistle, N. J.; Ramsden, P. (1983):
Understanding student learning. London: Croom Helm.

Europäische Bildungsminister (1999):
Bologna-Erklärung vom 19. Juni 1999. Bologna: ohne Verlag. www.hrk.de/fileadmin/redaktion/hrk/02-Dokumente/02-03-Studium/02-03-01-Studium-Studienreform/Bologna_Dokumente/Bologna_1999.pdf (12.5.2016).

Europäisches Parlament und Rat der Europäischen Union (2006):
Empfehlung des Europäischen Parlaments und des Rates vom 18.12.2006 zu Schlüsselkompetenzen für lebensbegleitendes Lernen. Amtsblatt der Europäischen Union. L394/10-L394/18. http://eur-lex.europa.eu/LexUriServ/LexUriServ.do?uri=CELEX:32006H0962:DE:NOT (14.5.2016).

Haller, H.-D.; Nowack, I. (o.J.):
Lernstildiagnose. http://lernstil.info/index.php?id=31 (11.04.2017).

Hasselhorn, M.; Gold, A. (2013):
Pädagogische Psychologie. Erfolgreich Lernen und Lehren. 2. Auflage Stuttgart: Kohlhammer.

Hussy, W.; Schreier, M.; Echterhoff, G. (2010):
Forschungsmethoden in Psychologie und Sozialwissenschaften. Berlin, Heidelberg: Springer.

Klafki, W. (1963):
Studien zur Bildungstheorie und Didaktik. Weinheim: Beltz.

Kolb, D. A. (1984):
Experimental Learning: Experience as the Source of Learning and Development. New Jersey: Prentice Hall.

Kolb, D. A. (2007):
Kolb Lernstil-Inventar. Arbeitsbuch Version 3.1. Frankfurt: Hay Group.

Kolb, D. A. (2015):
Experiential learning: Experience as the source of learning and development. 2. Auflage. New Jersey: Pearson Education.

Konrad, K.; Traub, S. (1999):
Selbstgesteuertes Lernen in Theorie und Praxis. München: Oldenbourg Schulbuchverlag GmbH.

Lehmann, B. (2012):
Aus der Ferne Lehren und Lernen – zu den Grundzügen eines außergewöhnlichen Bildungsformats. In: Fogolin, A. (Hrsg.) (2012): Bildungsberatung im Fernlernen. Beiträge aus Wissenschaft und Praxis. Berichte zur beruflichen Bildung. Bonn: Bundesinstitut für Berufsbildung. S. 19–42.

Lehmensick, E. (1926):
Die Theorie der formalen Bildung. Göttingen: Bandenhoeck & Ruprecht.

Levin, A.; Arnold, K.-H. (2006):
Selbstgesteuertes und selbstreguliertes Lernen. In: Arnold, K.-H., Sandfuchs, U.; Wiechmann, J. (Hrsg.): Handbuch Unterricht. Bad Heilbrunn: Klinkhardt Verlag. S. 206–214.

Mandl, H.; Fischer, P. M. (1982):
Wissenschaftliche Ansätze zum Aufbau und zur Förderung selbstgesteuerten Lernens. Unterrichtswissenschaft, 2. S. 111–128.

Mandl, H.; Friedrich, H. F. (2006):
Lernstrategien: Zur Strukturierung des Forschungsfeldes. In: Mandl, H.; Friedrich, H. F. (Hrsg.) (2006): Handbuch Lernstrategien. Göttingen: Hogrefe Verlag: S. 1–23.

Marton, F.; Säljö, R. (1976a):
On qualitative differences in learning I – Outcome and process. British Journal of Educational Psychology, 46, S. 4–11.

Marton, F.; Säljö, R. (1976b):
On qualitative differences in learning II – Outcomes as a function of the learners conception of a task. British Journal of Educational Psychology, 46. S. 115–127.

Naraghi Zadeh, A. (2004):
Zur kulturbedingten Diversifikation von Lernverhalten anhand des Lernstilmodells „Experiential learning" und am Beispiel iranischer Lehramtsstudierender. Göttingen: Cuvillier.

Paris, S. G.; Byrnes, S. G. (1989):
The constructivist approach of self-regulation and learning in the classroom. In: Zimmerman, B. J.; Schunk, D. H. (Hrsg.) (1989): Self-regulated learning and academic achievement. New York: Springer. S. 169–200.

Pask, G. (1976a):
Conversational Techniques in the Study and Practice of Education. The British Journal of Educational Psychology, 46. S. 12–25.

Pask, G. (1976b):
Styles and strategies of learning. The British Journal of Educational Psychology, 46. S. 128–148.

Pask, G.; Scott, B. (1972):
Learning Strategies and Individual Competence. International Journal of Man-Machine Studies, 4, 3. S. 217–253.

Pintrich, P. R.; Garcia, T. (1993):
Intraindividual differences in students motivation and self-regulated learning. Zeitschrift für pädagogische Psychologie, 7. S. 99–107.

Pintrich, P. R.; Smith, D. A.; Garcia, T.; McKeachie W. J. (1991):
The Motivated Strategies for Learning Questionnaire (MSLQ). Ann Arbor, MI: NCRIPTAL, University of Michigan.

Reinmann-Rothmeier, G.; Mandl, H. (2001):
Unterrichten und Lernumgebungen gestalten. In: Krapp, A.; Weidenmann, B. (Hrsg.) (2001): Pädagogische Psychologie. 4. Auflage. Weinheim: Beltz. S. 601–646.

Ruhloff, J. (1987). Lernen. In: Görres-Gesellschaft (Hrsg.) (1987):
Staatslexikon. Recht, Wirtschaft, Gesellschaft. 7. neubearbeitete Aufl., Bd. 3, Freiburg, Basel, Wien: Herder. S. 907–916.

Schiefele, U., Streblow, L., Ermgassen, U. & Moschner, B. (2003):
Lernmotivation und Lernstrategien als Bedingungen der Studienleistung. Er-

gebnisse einer Längsschnittstudie. Zeitschrift für Pädagogische Psychologie, 17 (3–4). S. 185–198.

Sehr, A. (2008) Potentiale Selbstgesteuerten Lernens: Potentiale Selbstgesteuerten Lernens im Rahmen von Wochenplanarbeit in der Grundschule. Saarbrükken: VDM Verlag Dr. Müller.

Seipold, M. (2009):
Lernstildiagnose nach Kolb und Selbsterfahrung in Minipraxen. Sierke Verlag: Göttingen.

Sembill, D.; Seifried, J. (2006):
Selbstorganisiertes Lernen als didaktische Lehr-Lernkonzeption zu Verknüpfung von selbstgesteuertem und kooperativem Lernen. In: Euler, D.; Pätzold, G. Lang, M. (Hrsg.): Selbst gesteuertes Lernen in der beruflichen Bildung. Stuttgart: Steiner. S. 93–108.

Streblow, L.; Schiefele, U. (2006):
Lernstrategien im Studium. In: Mandl, Heinz; Friedrich, Helmut Felix (Hrsg.) (2006): Handbuch Lernstrategien. Göttingen: Hogrefe Verlag. S. 352–364.

Vester, F. (2014):
Denken, Lernen, Vergessen. Was geht in unserem Kopf vor, wie lernt das Gehirn und wann lässt es uns im Stich? 36. Aufl. München: Deutscher Taschenbuchverlag.

Warneke, C. (2013):
Persönlichkeit und Studierverhalten im Fernstudium – Wie die Fernschulen auf die Persönlichkeit eines Studenten besser eingehen können – Eine Studie gibt Auskunft Wirtschaft + Weiterbildung: das Magazin für Führung, Personalentwicklung und E-Learning. – Freiburg, Breisgau: Haufe, Bd. 26. 2013, 9. S. 42–45.

Weinert, F. E. (1982):
Selbstgesteuertes Lernen als Voraussetzung, Methode und Ziel des Unterrichts. Unterrichtswissenschaft, 2. S. 99–110.

Weinstein, C. E.; Husman, J.; Dierking, D. R.; Boekaerts, M. (2000):
Self-regulation interventions with a focus on learning strategies. In Pintrich, P. R.; Zeidner, M. (Hrsg.) (2000): Handbook of self-regulation. San Diego, CA, US: Academic Press. S. 727–747.

Weinstein, C. E.; Mayer, R. E. (1986):
The teaching of learning strategies. In: Wittrock, M. C. (Hrsg.) (1986): Hand of research in teaching. New York: Macmillan. S. 315–327.

Weinstein, C. E.; Schulte, A.; Palmer, D. R. (1987):
The Learning and Study Strategies Inventory. Clearwater, FL: H & H Publishing.

Wild, K.-P. (2000):
Lernstrategien im Studium. Münster: Waxmann.

Wild, K.-P. (2001):
Lernstile und Lernstrategien. In: Rost, D. H. (Hrsg.) (2001): Handwörterbuch Pädagogische Psychologie. 2. Auflage. Weinheim: Psychologie Verlags Union. S. 424–429.

Wild, K.-P.; Schiefele, U. (1994):
Lernstrategien im Studium: Ergebnisse zur Faktorenstruktur und Reliabilität eines neuen Fragebogens. Zeitschrift für Differentielle und Diagnostische Psychologie, 15. S. 185–200.

Yen, M.-W. (2009):
Aufbau und Attraktivität einer virtuellen Universität: Untersuchungen zu ihren Grundformen sowie zu Lernstilen und Lernpräferenzen der Studierenden. Göttingen: Cuvellier.

Zimmermann, B. J.; Bandura, A. (1994):
Impact of self-regulatory influences on writing course attainment. American Educational Research Journal 31 (4). S. 845–862.

The manufacturer's authorised representative in the EU is Springer Nature Customer Service Centre GmbH, Europaplatz 3, 69115 Heidelberg, Germany. If you have any concerns regarding our products, please contact ProductSafety@springernature.com

Printed and bound by CPI Group (UK) Ltd, Croydon, CR0 4YY
23/03/2026
02076459-0010